SÉRIE TEORIA E PRÁTICA DAS ARTES VISUAIS

Mídia, opinião pública e sociedade:
desafios para uma comunicação em transformação

Guilherme Carvalho (Org.)
Ricardo Tesseroli
Rafael Schoenherr
Marcela Ferreira
Gabriel Bozza
Alexsandro Teixeira Ribeiro
João Figueira

 intersaberes

Rua Clara Vendramin, 58 · Mossunguê · CEP 81200-170 · Curitiba · PR · Brasil
Fone: (41) 2106-4170 · www.intersaberes.com · editora@intersaberes.com

Conselho editorial
Dr. Ivo José Both (presidente)
Dr.ª Elena Godoy
Dr. Neri dos Santos
Dr. Ulf Gregor Baranow

Editora-chefe
Lindsay Azambuja

Gerente editorial
Ariadne Nunes Wenger

Assistente editorial
Daniela Viroli Pereira Pinto

Preparação de originais
Luiz Gustavo Micheletti Bazana

Edição de texto
Palavra do Editor
Monique Francis Fagundes Gonçalves

Capa
Cynthia Burmester do Amaral
Sílvio Gabriel Spannenberg (*design*)
REDPIXEL.PL/Shutterstock (imagem)

Projeto gráfico
Conduta Design (*design*)
leungchopan/Shutterstock (imagem)

Diagramação e designer responsável
Luana Machado Amaro

Iconografia
Regina Claudia Cruz Prestes
Sandra Lopis da Silveira

Dados Internacionais de Catalogação na Publicação (CIP)
(Câmara Brasileira do Livro, SP, Brasil)

Mídia, opinião pública e sociedade: desafios para uma comunicação em transformação/Ricardo Tesseroli ... [et al.] Guilherme Carvalho (Org.). Curitiba: InterSaberes, 2021. (Série Teoria e Prática das Artes Visuais)

Outros autores: Rafael Schoenherr, Marcela Ferreira, Gabriel Bozza, Alexsandro Teixeira Ribeiro, João Figueira

Bibliografia.
ISBN 978-65-5517-918-7

1. Comunicação 2. Comunicação de massa – Aspectos sociais 3. Meios de comunicação 4. Opinião pública 5. Mídia 6. Sociedade 7. Transformação I. Tesseroli, Ricardo. II. Schoenherr, Rafael. III. Ferreira, Marcela. IV. Bozza, Gabriel. V. Teixeira Ribeiro, Alexsandro. VI. Figueira, João. VII. Carvalho, Guilherme. VIII. Série.

21-54479 CDD-302.23

Índices para catálogo sistemático:
1. Mídia: Comunicação de massa: Sociologia 302.23

Maria Alice Ferreira – Bibliotecária – CRB-8/7964

1ª edição, 2021.

Foi feito o depósito legal.

Informamos que é de inteira responsabilidade dos autores a emissão de conceitos.

Nenhuma parte desta publicação poderá ser reproduzida por qualquer meio ou forma sem a prévia autorização da Editora InterSaberes.

A violação dos direitos autorais é crime estabelecido na Lei n. 9.610/1998 e punido pelo art. 184 do Código Penal.

Sumário

Apresentação 7
Como aproveitar ao máximo este livro 11

1 Comunicação e sociedade: o papel da mídia **17**
    1.1 A centralidade da comunicação 20
    1.2 Vivemos a era da informação 21
    1.3 Informação: matéria-prima do conhecimento 23
    1.4 A comunicação como meio 25
    1.5 Os meios de comunicação de massa e a sociedade 29
    1.6 A mídia e o drama da modernidade 33

2 Questões históricas e conceituais sobre opinião pública **41**
    2.1 Contextualização 44
    2.2 Esfera pública 45
    2.3 Habermas, a comunicação e a opinião pública 46
    2.4 Questionamentos sobre a opinião pública 50
    2.5 Teoria da opinião pública 53
    2.6 Formação da opinião pública 58
    2.7 Opinião pública e pesquisas 61
    2.8 A opinião pública em tempos de redes sociais digitais 64

3 Agendamento como corpo teórico do jornalismo: uma ideia em mudança de comportamento **71**
    3.1 Uma hipótese inicial econômica com reiteradas investigações 74
    3.2 Uma proposta estrita e uma larga questão de fundo 76
    3.3 Um jornalista analisa a opinião pública 82
    3.4 Níveis de agendamento e revisão da teoria 85
    3.5 Críticas, reapropriações e continuidades brasileiras 89

4 Desenvolvimento das mídias **99**
    4.1 Mídia: história, características e teorias da comunicação 102
    4.2 Das mídias tradicionais às mídias digitais no Brasil: as mudanças em progresso 104
    4.3 Do analógico ao digital: avanços midiáticos 107
    4.4 Novas formas de consumo midiático 110
    4.5 De produtores a espectadores: os profissionais da mídia 115

5 Sistemas e modelos de comunicação **123**
    5.1 A comunicação na sociedade 126
    5.2 Sistema de comunicação e mediação da realidade 128
    5.3 Modelos de comunicação 136
    5.4 Comunicação no mercado brasileiro 141
    5.5 Direito à informação e acesso à informação 148

6 Tendências na comunicação **159**
    6.1 A informação mutante 162
    6.2 Todos comunicam, mas todos informam? 164
    6.3 Mídias sociais: e nossa vida mudou 167
    6.4 A opinião do ignorante e a do Prêmio Nobel 172
    6.5 Fidelização às redes sociais 175
    6.6 A mentira e a natureza humana 177
    6.7 *Fake news*: a novidade de um problema antigo 179
    6.8 O negócio da desinformação 182
    6.9 Mobilidade informativa 187

Considerações finais 193
Referências 195
Bibliografia comentada 205
Respostas 207
Sobre os autores 213

Apresentação

Escrever sobre comunicação em tempos como este não é uma tarefa fácil. Vivemos uma conjuntura de profundas e rápidas transformações sociais, culturais e tecnológicas que ameaçam reduzir a pó algumas teses que se elaboraram a respeito dessa área. As constantes mudanças nesse meio, impulsionadas pelos processos de digitalização, desterritorialização e virtualização cada vez mais presentes (com a devida licença para o trocadilho), exigem uma readaptação dos profissionais, das organizações, dos consumidores e, claro, da ciência e da tecnologia.

Nesse ambiente em que predominam as relações de apropriação do público sobre os conteúdos e as ferramentas de comunicação, modifica-se a ordem de circulação do fluxo de informação, seja aquela que é disponibilizada a uma grande quantidade de pessoas, seja a que circula nas relações interpessoais, em pequenos grupos ou em redes. Os processos de comunicação em larga escala não são mais uma prerrogativa dos meios de comunicação de massa tradicionais. As possibilidades de fluxos horizontais, abertas com o acesso do cidadão comum às ferramentas de comunicação, estão alterando a maneira como lidamos com a informação.

Uma evidência dessa força está na necessidade de veículos de comunicação como TV, rádio e impressos se adaptarem a uma lógica convergente, apostando não apenas em novas mídias, mas também em outros conteúdos e em novas formas de financiamento diante da transferência dos investimentos publicitários para canais diretos de contato com o público.

Como toda realidade que impõe o que se chama de *crise paradigmática*, isto é, a confluência de condições materiais que exigem uma revisão de conceitos, teorias e práticas, ainda devemos fazer afirmações cuidadosas sob o risco de sermos acusados de possíveis equívocos, na hipótese de, daqui a alguns anos, olharem para trás e verificarem tudo o que se disse sobre estes tempos e constatarem que tudo não passou de pura bobagem.

Nesse sentido, é preciso reconhecer o que está inexoravelmente se alterando e também o que permanece. Esse é um esforço que requer a superação do que se entende por *senso comum*, buscando-se explicações para além daquelas respostas que parecem as mais óbvias em um primeiro olhar. É essencial investigar, estabelecer uma percepção holística e reconhecer o valor do que já se falou a respeito.

A comunicação nunca esteve tão presente na vida das pessoas. Nunca houve tantas possibilidades para a transmissão de informação e de conhecimento. Ao mesmo tempo, nunca se ouviu, leu ou assistiu a tantas bobagens. São tempos de grande volatilidade os que vivemos.

Assim, os debates que se estabelecem acerca da comunicação exigem cuidado e responsabilidade. Diante de segmentos ainda despreparados para lidar com essa realidade ou de grupos interessados no uso das ferramentas de comunicação para fins particulares e desonestos, reforça-se ainda mais a necessidade de se falar de comunicação. Porém, isso implica, sobretudo, um esforço para o reconhecimento dos temas que realmente importam para cada público. É preciso popularizar de forma adequada os debates teóricos da comunicação a partir do olhar sobre a realidade, para que o cidadão comum também tenha condições de participar desse ambiente de maneira responsável e com senso crítico.

É com esse cuidado que os autores deste livro propuseram o debate com o leitor. Esta obra reúne seis pesquisadores do assunto, que, com base em suas trajetórias profissionais e acadêmicas, propõem um olhar crítico sobre a comunicação em tempos atuais, observando as relações que se estabelecem na sociedade de modo geral.

No Capítulo 1, "Comunicação e sociedade: o papel da mídia", Guilherme Carvalho destaca a importância de se reconhecerem as evoluções e os retrocessos sociais, compreendendo a comunicação e os meios que utilizamos para nos informarmos como a expressão da contraditoriedade da sociedade moderna. Afinal, como afirma o autor parafraseando Hannah Arendt, o ato de comunicar é também uma condição humana.

No Capítulo 2, "Questões históricas e conceituais sobre opinião pública", Ricardo Tesseroli discute aspectos históricos para a construção da teoria da opinião pública. O autor se vale de referências clássicas da área para definir conceitualmente o tema e apontar aspectos da atual opinião pública, cuja revisão tornou-se impositiva. Entre as marcas atuais deste novo momento, como assinala Tesseroli, está a tendência à heterogeneidade de opiniões.

No Capítulo 3, "Agendamento como corpo teórico do jornalismo: uma ideia em mudança de comportamento", Rafael Schoenherr e Marcela Ferreira apresentam um debate sobre a teoria do *agenda-setting* e sua atualidade. O texto trata da longevidade dessa teoria, considerando-se, entre outros aspectos, o conjunto de estudos de agenda que se atêm tanto aos meios de comunicação de massa e às redes digitais como à conversação interpessoal.

No Capítulo 4, "Desenvolvimento das mídias", Gabriel Bozza propõe uma compreensão ampla sobre a relevância da mídia para a vida das pessoas, tendo em vista a realidade brasileira. Nesse debate, incluem-se as implicações das inovações tecnológicas e, principalmente, os processos de consumo de produtos culturais midiáticos na atualidade.

No Capítulo 5, "Sistemas e modelos de comunicação", Alexsandro Teixeira Ribeiro destaca a importância dos meios de comunicação e suas formas de entendimento. O autor analisa o ambiente de conexão em um universo de oferta quase infinita de informações, mas aponta a contraditoriedade expressa pela ausência de informação ou pela desinformação, debate que se relaciona diretamente com a compreensão da informação como direito humano.

Por fim, no Capítulo 6, "Tendências na comunicação", João Figueira trata da comunicação em rede e seus impactos globais. O autor pondera que, nesse ambiente, em que se atesta o fenômeno das *fake news*, os avanços e as potencialidades da tecnologia e dos processos de desinformação em curso devem ser observados pelos cidadãos para que sejam capazes de analisar criticamente a informação a que estão expostos, independentemente do meio ou da plataforma utilizada.

Como aproveitar ao máximo este livro

Empregamos nesta obra recursos que visam enriquecer seu aprendizado, facilitar a compreensão dos conteúdos e tornar a leitura mais dinâmica. Conheça a seguir cada uma dessas ferramentas e saiba como estão distribuídas no decorrer deste livro para bem aproveitá-las.

Introdução ao capítulo

Logo na abertura do capítulo, informamos os temas de estudo e os objetivos de aprendizagem que serão nele abrangidos, fazendo considerações preliminares sobre as temáticas em foco.

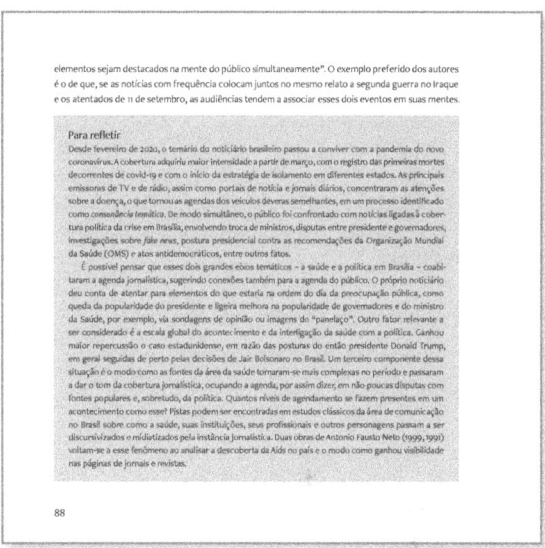

Para refletir

Aqui propomos reflexões dirigidas com base na leitura de excertos de obras dos principais autores comentados neste livro.

Para saber mais

Sugerimos a leitura de diferentes conteúdos digitais e impressos para que você aprofunde sua aprendizagem e siga buscando conhecimento.

Síntese

Ao final de cada capítulo, relacionamos as principais informações nele abordadas a fim de que você avalie as conclusões a que chegou, confirmando-as ou redefinindo-as.

Atividades de autoavaliação

Apresentamos estas questões objetivas para que você verifique o grau de assimilação dos conceitos examinados, motivando-se a progredir em seus estudos.

Atividades de aprendizagem

Aqui apresentamos questões que aproximam conhecimentos teóricos e práticos a fim de que você analise criticamente determinado assunto.

Bibliografia comentada

Nesta seção, comentamos algumas obras de referência para o estudo dos temas examinados ao longo do livro.

Comunicação e sociedade: o papel da mídia

Guilherme Carvalho

Neste capítulo, nosso foco será o conceito de informação e sua relação com o indivíduo e a sociedade, verificando a importância do tratamento da informação para o processo de conhecimento. Buscaremos analisar as novas condições sociais observadas a partir do estabelecimento dos meios de comunicação como instrumentos no processo de circulação de informação. Também refletiremos sobre o debate a respeito da comunicação fundado em aspectos teóricos e científicos, bem como sobre o papel dos meios de comunicação, procurando elucidar os limites impostos a ela na modernidade.

1.1 A centralidade da comunicação

A filósofa alemã Hannah Arendt (1906-1975) afirmou que o trabalho, assim como o labor, é uma condição humana, ou seja, nossa sobrevivência está relacionada à capacidade de realizar atos que nos permitem subsistir (o labor) e que nos possibilitam viver em sociedade (o trabalho). Sob o risco de cometer uma heresia na visão dos sociólogos mais ortodoxos, propomos subverter a construção do pensamento de Arendt relacionando a comunicação também a uma condição humana.

É verdade que todo ser vivo se comunica de alguma maneira, por sons, gestos, temperatura corporal ou odores. Um cachorro que abana o rabo demonstra felicidade, um golfinho pode chamar outro de sua espécie imitando o som particular de cada um, elefantes se comunicam por meio de sons e gestos, um gorila bate no peito para afugentar ameaças, e espécies de aves fazem um tipo de dança do acasalamento para atrair um parceiro ou parceira. Esses são exemplos de formas de comunicação, cujo efeito é a alteração de um estado qualquer em membros da própria espécie ou de outra.

No entanto, somente os seres humanos invocam conscientemente todo um sistema complexo de linguagem que permite que as informações obtidas dos acontecimentos do mundo possam ser transformadas em conhecimento, estabelecendo um novo estágio nas relações entre diferentes pessoas e com o mundo ao redor. Nos 350 milhões de anos de existência do *Homo sapiens*, aprendemos a desenvolver meios para nos comunicarmos com mais eficiência e com condições de arquivar e transmitir informações para as futuras gerações.

Nesse sentido, a comunicação é um ato de necessidade básica, como o labor, permitindo a proliferação da espécie para que pudéssemos receber de nossos antepassados a carga genética que herdamos. É também trabalho, ao se tornar um requisito fundamental para a vida em sociedade, assegurando o predomínio da espécie humana no planeta. Se observarmos a história da humanidade, identificaremos em todos os grandes episódios o papel crucial que a comunicação desempenhou nesses processos.

Em pouco mais de quinhentos anos, desde o surgimento da prensa de Gutenberg (1400-1468), experimentamos revoluções, avanços científicos e tecnológicos, mudanças de comportamento, novos valores sociais e o surgimento de grandes cidades, entre diversas outras transformações. Porém, nada se compara ao período no qual se desenvolveram os meios de comunicação de massa, há pouco mais de dois séculos.

Os meios de comunicação impulsionaram os seres humanos a um novo patamar e redefiniram o valor da informação. Nesse processo, devemos reconhecer as evoluções e o retrocessos da sociedade, compreendendo a comunicação e os meios que utilizamos para obter informação como a expressão de toda a contraditoriedade da sociedade moderna, porque, afinal, os meios de comunicação, assim como o ato de comunicar, são uma condição humana.

1.2 Vivemos a era da informação

É curioso pensar que a informação foi reconhecida como central para o desenvolvimento da sociedade por um viés econômico-político e apenas há algumas décadas. Quando cunhou a expressão *era da informação*, na década de 1980, o professor e administrador austríaco Peter Drucker (1909-2005) destacou a existência de uma conjuntura impulsionada por novas condições de produção. Naquele momento, a sociedade vivenciava o amadurecimento da terceira fase da Revolução Industrial, uma revolução técnico-científico-informacional que vinha sendo gestada no pós-Segunda Guerra Mundial, cuja essência estava na mudança das lógicas acumulativas do capital. Até então, a indústria ou setor secundário da economia respondia pela maior parte da riqueza do planeta e pela maior quantidade de trabalhadores.

A partir da década de 1950, verifica-se uma mudança significativa nas sociedades dos países mais desenvolvidos. A indústria cedia espaço a novas formas de trabalho, nas quais as atividades ligadas à produção de bens começavam a perder espaço para a oferta de serviços.

Nesse novo contexto, ganharam mais valor os recursos automáticos, os computadores e a robótica, entre outras tecnologias cujo objetivo principal estava ancorado na busca pela velocidade aliada ao baixo custo. Alteraram-se não apenas as lógicas de produção, mas também as relações sociais.

Os investimentos, bem como os ganhos, passaram a não depender exclusivamente do sistema produtivo. As bolsas de valores permitem a obtenção de ganhos sem que se produza ao menos um parafuso. São os dados intangíveis da economia os fatores que passam a determinar o potencial de atração de investimentos. O mercado mundial tornou-se uma grande engrenagem movida, em boa parte, pelo capital especulativo em um processo que Chesnais (1996) chamou de *financeirização da economia*. O mercado futuro, ou seja, uma crença fundamentada em previsões que definem o quanto uma empresa poderá faturar, e não sua real e atual condição, passa a determinar o direcionamento dos investidores.

Nesse novo ambiente, marcado pela superação da era industrial, a informação passa a ter muito valor. É a informação que permite estabelecer previsões. Os lucros, baseados nesses dados, transformam-se, então, em bens imateriais ou verdadeiras *commodities* capazes de potencializar os ganhos e reduzir os prejuízos.

Desse modo, o acesso à informação torna-se um diferencial de concorrência. Saber antes passa a ser uma vantagem competitiva. Valorizam-se, assim, as atividades que procuram tratar, compilar, organizar e processar um grande volume de informações no menor tempo possível. As atividades ligadas a áreas como informática, gestão e ciência da informação, jornalismo e telecomunicações, de modo geral, tornam-se essenciais para o indivíduo contemporâneo. Nesse contexto, não faltam investimentos para o desenvolvimento de meios de comunicação pelos quais circulam grandes quantidades de informação para muitas pessoas ao mesmo tempo, desde os meios tradicionais (impresso, rádio e TV) até os digitais.

A internet não surgiu de um processo natural de desenvolvimento da humanidade ou como fruto do amadurecimento da ciência. Foram as necessidades de obtenção de informação os fatores que impulsionaram pesquisadores, instituições, empresas e governos a investir em tecnologias que poderiam suprir essas demandas.

A era da informação é, sobretudo, o reflexo de uma mudança paradigmática. É nessa fase do desenvolvimento da humanidade que nos encontramos – uma fase marcada pelas mudanças constantes, pela volatilidade ou por aquilo que o sociólogo Zygmunt Bauman (1925-2017) chamou de *sociedade líquida*, na qual se expressa a crise da modernidade. O aspecto central para a mudança paradigmática está baseado nessa matéria-prima intangível: a informação.

Paralelamente ao desenvolvimento de atividades que trabalham com a informação, verifica-se também o aprofundamento científico na área. No entanto, como observa Le Coadic (1996), essa construção é desordenada, tanto quanto não poderia deixar de ser em uma sociedade marcada por tantas contradições. A falta de clareza sobre a definição do conceito de informação é um aspecto que revela muito dessa dificuldade dos indivíduos em compreender o real papel da informação na sociedade.

1.3   Informação: matéria-prima do conhecimento

Informação é uma palavra de origem latina, resultante da junção de dois elementos: *formare*, que significa "formar" ou "moldar", e o prefixo *in-*, que significa "dentro" ou "interno". A origem do termo está relacionada a uma concepção abstrata sobre a realidade, segundo a qual o indivíduo toma conhecimento da realidade em razão da possibilidade de construir em sua mente, de forma virtual, os aspectos da experiência humana. Os dados obtidos nos processos de transmissão e captação, os quais envolvem obrigatoriamente o cérebro humano, é o que chamamos de *informação*. Segundo Le Coadic (1996, p. 5),

> A informação comporta um elemento de sentido. É um significado transmitido a um ser consciente por meio de uma mensagem inscrita em um suporte espacial-temporal: impresso, sinal elétrico, onda sonora etc. Essa inscrição é feita graças a um sistema de signos (a linguagem), signo este que é um elemento da linguagem que associa um significante a um significado: signo alfabético, palavra, sinal de pontuação.

Se a existência da informação está ligada à sua transmissibilidade, ou seja, se só podemos conceber a informação em virtude da possibilidade de trocas de dados, então um aspecto torna-se fundamental nesse processo. Uma informação só pode ser compreendida como tal quando reconhecemos a existência do processo de comunicação. O processo de comunicação, por seu turno, é o fator determinante na relação entre o fato e o compartilhamento da experiência do ser humano, que, por sua vez, possibilita a geração do conhecimento.

Ao distinguir a relação entre objeto e sujeito, considerando as relações que o indivíduo estabelece com o mundo exterior por meio de sua consciência, Hegel (1992) compreende que essa relação não implica apenas o saber baseado na experiência, que é o que define o que conhecemos de algo; ele argumenta que não seria possível conhecermos de fato a realidade se nossa consciência não fosse capaz de estabelecer uma relação contínua de experimentação com o mundo objetivo. O saber fenomenal, isto é, aquele que desenvolvemos com base em nossa experiência com o mundo exterior, está condicionado, portanto, por fatores contextuais. O que sabemos das coisas se (re)constrói constantemente e, logo, é passível de reconsiderações. Esse exercício constante de comparações executado pela consciência é o que torna a verdade um elemento dinâmico e relativo; esse esforço, porém, ocorre sempre por meio de uma primazia da consciência sobre algo. Ou seja, o indivíduo tende a rever seu saber sobre algo com base naquilo que já sabe, de modo que os padrões que cada um estabelece, implicam uma percepção diferente da realidade, mesmo que as experiências sejam similares.

Considerando que nossas experiências se constroem com base no conhecimento imediato, isto é, naquilo que sabemos do que vivemos no passado ou do que outros sabem, sem que precisemos vivenciar a própria experiência, uma vez que faz parte da natureza humana o estabelecimento de relações com outros seres da mesma espécie, Hegel (1992) compreende, então, que essa relação é não imediata, já que a transmissão do conhecimento, que nada mais é do que a exteriorização de um conceito elaborado pela consciência de alguém ou por nossa memória, é resultante de uma relação mediatizada com o objeto. Isto é, trata-se de uma relação na qual consideramos nossos padrões anteriores, os quais são fundamentais não apenas para sabermos o que é algo, mas também para definirmos o que não é algo.

Como as experiências individuais sobre algo se constroem com base nas experiências mediatizadas por nossa consciência, tanto mais universais se parecem nossas certezas, o que nada mais é do que uma singularização do universal, que nos parece como a universalidade. O saber, portanto, torna-se mais complexo e atinge um nível de abstração que nos impede de compreender nosso próprio percurso de consciência, mas que nos leva a acreditar que se trata de verdades absolutas.

O conhecimento, então, é resultante do acesso que temos aos fatos da realidade, o qual pode se dar por meio de relações diretas que estabelecemos com o mundo em nossas experiências. Por outro lado, é preciso reconhecer as contribuições externas que nos chegam por meios indiretos, o que está relacionado aos processos de convivência com outros indivíduos, seja pelas relações interpessoais, seja pelas relações mediadas nas quais o fundamento da passagem da experiência está baseado não naquilo que experimentamos, mas naquilo que foi vivenciado, percebido e experimentado por outra pessoa e relatado por ela por meio da fala, da escrita, dos gestos e dos sinais, mediante o uso de papéis, vídeos, sons ou qualquer outro suporte.

> **Para refletir**
>
> Em um ambiente desconectado, como em uma tribo isolada qualquer, a experiência que se manifesta pela oralidade pode chegar a um pequeno grupo de pessoas. Desse modo, aquilo que sabem sobre o ser humano e a natureza, o conhecimento que essas pessoas têm de uma erva medicinal, de um animal peçonhento, das regras de convivência e das atividades de caça, pesca e plantio, entre outros saberes, está amparado em um histórico vivido por seus antepassados e registrado de alguma maneira pelas diferentes gerações. Ainda assim, em condições limitadas para a circulação da informação, essa sociedade vivenciará lentos processos de desenvolvimento. É o que ocorre com grupos indígenas completamente isolados do contato com outras culturas. Esses grupos certamente vivenciam algum processo de desenvolvimento, mas em velocidade muito menor do que outras sociedades.
>
> Quando adicionamos a essas relações a viabilidade da conexão entre diferentes pessoas em todo o mundo, de modo que muitos tenham acesso a um grande volume de informações a uma velocidade imensurável, as possibilidades de ampliação do conhecimento tornam-se ilimitadas. Foi o que fizeram os meios de comunicação de massa na sociedade moderna. A circulação de informação em larga escala e a possibilidade de indivíduos relatarem suas experiências para muitas pessoas são alguns aspectos do fator (in/e)volutivo da civilização moderna.

1.4 A comunicação como meio

As formas de comunicação que conhecemos nada mais são do que processos aprimorados de transmissão da informação resultantes de uma busca do ser humano pela eficácia nas atividades concernentes a essa área, considerando-se as necessidades de clareza, economia de tempo e precisão.

Ao longo da história da humanidade, a capacidade civilizatória das sociedades esteve ligada diretamente aos processos de comunicação. Os gestos, as pinturas rupestres, os sons emitidos pela boca, a invenção dos códigos sonoros que constituem o que hoje chamamos de *linguagem verbal*, o surgimento do alfabeto, da escrita e do papel, o desenvolvimento de inúmeras tecnologias – tudo isso é uma evidência desse esforço que os seres humanos fazem cotidianamente para obter ou transmitir informação.

A comunicação verbal permitiu que a informação fosse repassada pela escrita e possibilitou memorizá-la e exteriorizá-la. De acordo com Le Coadic (1996, p. 7), "O advento da eletrônica (que se traduziu pela transição dos suportes materiais para suportes imateriais), seguido da informática e do desenvolvimento da comunicação de informações à distância (telecomunicações) só fizeram reforçar essas tendências".

Se concordarmos que as tecnologias utilizadas como meios de comunicação são uma expressão das necessidades humanas de transmissão de experiências, devemos concordar também com McLuhan (1964) e considerar que os meios são uma extensão de nossos sentidos e, em última análise, do cérebro.

Desse modo, toda vez que um novo meio é inserido na sociedade, observamos novas maneiras de tratar a informação, o que implica novas formas de perceber o conteúdo das mensagens transmitidas. Assim, uma nova tecnologia redefine o modo como a informação circula e permite que se chegue a um novo estágio de conhecimento.

Para McLuhan (1964), essa relação é tão forte que os meios de comunicação determinam a própria mensagem e, se a mensagem é o conteúdo elaborado sobre o pensamento humano, os meios seriam determinantes nas relações humanas. Segundo esse teórico, "é o meio que configura e controla a proporção e a forma das ações e associações humanas" (McLuhan, 1964, p. 23). Além disso, cada meio de comunicação inventado transforma o anterior, porque se altera a maneira como passamos a consumir os conteúdos, da mesma forma que se redefinem as necessidades de consumo e, portanto, de desenvolvimento dos meios de comunicação que surgirão.

Antes de McLuhan, outras teorias já haviam sido desenvolvidas com a intenção de explicar o papel da comunicação na sociedade. Em 1948, o engenheiro elétrico Claude Shannon (1916-2001) publicou os resultados de uma pesquisa intitulada "Uma teoria matemática da comunicação" em dois artigos no *Bell System Technical Journal*. Em 1949, ele publicou, em parceria com o matemático e administrador Warren Weaver (1894-1978), um livro sobre a teoria em uma linguagem mais popular. O objetivo era "melhorar a velocidade de transmissão de mensagens, diminuir as suas distorções e aumentar o rendimento global do processo de transmissão da informação" (Wolf, 1995, p. 100).

A teoria propunha um modelo no qual a informação em meios eletrônicos seria transmitida em um processo unidirecional, em que um destinatário enviaria uma mensagem a um receptor por meio de um canal. O processo poderia ser observado, segundo a teoria, para esquemas em que a comunicação se dá tanto por máquinas como por seres humanos ou entre uma máquina e seres humanos. Nesse caso, o processo de comunicação seguiria sempre em uma única direção, partindo de um emissor para um receptor.

Nesse esquema, o organismo humano deveria ser comparado ao funcionamento de uma máquina. O cérebro seria um codificador no processo de transmissão da informação. Os impulsos para a emissão da mensagem seriam promovidos pelo pulmão e pelo aparelho fonador. Por outro lado, o aparelho auditivo funcionaria como os sistemas de recepção da mensagem decodificada pelo cérebro. Qualquer problema nesse processo que causasse alguma dificuldade ou incompreensão era entendido como ruído. Conforme Wolf (1995, p. 102), "Tratava-se de um aspecto importante, dado que a finalidade operativa principal da teoria informacional da comunicação era, precisamente, a de fazer passar, através de um canal, o máximo de informação com o mínimo de distorção e com a máxima economia de tempo e energia".

Hoje, a teoria matemática da informação já se encontra superada, por uma série de razões. As limitações foram expostas, sobretudo, pela crítica sociológica ao esquema, já que o processo inclui as relações entre seres humanos e sobre estas pesam outras questões para além de modelos construídos pela análise de processos elétricos. Em decorrência dessas críticas, as pesquisas avançaram com base no modelo semiótico-informacional, que aperfeiçoou o esquema de Shannon-Weaver.

As perspectivas teóricas construídas com fundamento na proposta matemática levaram a uma desumanização do processo de produção e recepção da informação. Mesmo McLuhan e os teóricos que aderiram a uma teoria dos meios tendem a reforçar o determinismo tecnológico sobre as relações humanas e a conceber as máquinas como equipamentos autônomos.

Como lembra Meditsch (1997), é preciso considerar um outro elemento no processo de produção do conhecimento ou de transformação da informação em conhecimento, atividades que vêm ganhando cada vez mais a atenção de instituições e que são desenvolvidas por profissionais e, claro, por aventureiros. Não há como garantir que o tratamento da informação será o mais adequado, porque, afinal, essa produção também é realizada por seres humanos, cujas limitações são evidentes, incluindo as condições de produção que igualmente impõem dificuldades para o trabalho, seja por interesses políticos ou econômicos, seja pela própria rotina do trabalho.

Além disso, é necessário ter em conta os desafios cognitivos dos indivíduos na atualidade. O reconhecimento da informação tratada como fundamento do conhecimento depende dos usos que se fazem desses produtos e das capacidades culturais dos indivíduos, pois, conforme Meditsch (1997, p. 5), "o processo incessante de produção e reprodução do conhecimento depende não só do equipamento cognitivo dos indivíduos, mas também das possibilidades de socialização de suas experiências". É isso que explica por que pessoas com trajetórias e repertório cultural semelhantes observam a realidade de maneiras diferentes, mesmo quando consomem os mesmos conteúdos. É evidente que existe o uso da informação para fins particulares, com a veiculação de distorções ou interpretações cujo efeito constitui o que podemos chamar de *desinformação*. Nesse mundo repleto de disputas e no qual a verdade se tornou uma palavra sujeita a perder o sentido, o valor do trabalho com a informação também parece ganhar pouca atenção.

> **Para refletir**
> Em geral, reforça-se a importância da tecnologia. Vivenciamos uma espécie de fetichização da mercadoria, como propõe o filósofo, sociólogo, historiador e economista Karl Marx (1818-1883), na qual o produto é percebido como algo externo ao próprio indivíduo e, ao mesmo tempo, como objeto de culto para o consumo. Basta observar o comportamento das pessoas em relação aos dispositivos tecnológicos utilizados para a comunicação, como o aparelho celular. A cada novo lançamento, elas fazem fila para comprar a novidade, custe o que custar, mesmo já cientes da estratégia da obsolescência programada, por meio da qual a indústria oferece produtos cuja validade já está determinada pelo lançamento de versões atualizadas.

> A aquisição do aparelho é mais relevante do que a obtenção do conhecimento. Pouco importa o conteúdo, desde que se tenha em mãos a mais avançada tecnologia de comunicação. Não é à toa que estamos cada vez mais expostos a ambientes saturados de informação inútil ou distorcida. Para muitos, o mais importante é postar algo, com vistas ao engajamento nas redes sociais, quaisquer que sejam os efeitos da mensagem.
>
> Para compreender melhor essa situação, basta analisar os dados de leitura no Brasil. A pesquisa "Retratos da leitura", promovida pela Câmara Brasileira do Livro (CBL), de 2019, indica que 44% da população brasileira não lê e 30% nunca compraram um livro. Em média, os brasileiros leem 5 livros por ano. Na França, por outro lado, 88% da população se declara leitora regular, com uma média de 21 livros lidos nos últimos 12 meses. A leitura, no Brasil, fica em décimo lugar na preferência de atividades de lazer, atrás de assistir à TV, ouvir música e acessar a internet, entre outras (Brandão, 2019).

1.5 Os meios de comunicação de massa e a sociedade

Os meios de comunicação de massa são resultantes de uma relação complementar do que Morin (1997) identificou como *sociedade de massa*, que surgiu a partir da segunda metade do século XIX. Os processos de industrialização, urbanização e aceleração das trocas de informação, associados à migração das famílias do campo em busca de novas oportunidades para os grandes centros de cidades que viviam um crescimento rápido, resultaram na formação dos aglomerados urbanos que conhecemos e conformaram condições especiais para o surgimento e a institucionalização das organizações de comunicação.

Ao compartilhar um mesmo ambiente e de condições semelhantes de vida, a comunicação em massa configurou um novo cenário no qual as pessoas passaram a conviver com mensagens cujos conteúdos estabelecem maneiras comuns de pensar e agir. O conceito, portanto, remete a uma ideia de indivíduos isolados, mas reunidos em determinado espaço, compartilhando valores e códigos reforçados por mensagens frequentes em larga escala, sem que necessariamente mantenham relações entre si. Nesse sentido, Blumer (citado por Wolf, 1995, p. 22-23) ressalta que:

> A massa é constituída por um conjunto homogêneo de indivíduos que, enquanto seus membros, são essencialmente iguais, indiferenciáveis, mesmo que provenham de ambientes diferentes, heterogêneos, e de todos os grupos sociais.
>
> [...] a massa é composta por pessoas que não se conhecem, que estão separadas umas das outras no espaço e que têm poucas ou nenhuma possibilidade de exercer uma ação ou uma influência recíprocas. Por fim, a massa não possui tradições, regras de comportamento ou estrutura organizativa.

O conceito de massa, no entanto, ganha sentido quando se compreendem os fatores que possibilitaram a padronização dos comportamentos e dos hábitos de consumo. As relações interpessoais são definidoras nesse sentido. Os indivíduos, ao conviverem, trocam experiências e influenciam uns aos outros, mas isso só ocorreria em pequenos espaços, com grandes limitações que lembrariam as civilizações organizadas por clãs ou tribos.

Pensando no que propõe Thompson (1998), ao provocar um deslocamento simbólico, podemos considerar que a mídia potencializa a capacidade de experimentar aspectos da realidade, desconectada da própria atividade. Até o surgimento dos primeiros meios de comunicação de massa, essa relação com o mundo se dava pelo fator local, uma vez que as trocas necessitavam da relação face a face. A substituição ocorre por meio de um processo técnico que separa os indivíduos entre si e os aproxima da máquina, tornando-os dependentes do sistema. Segundo Thompson (1998, p. 181),

> O desenvolvimento da mídia não somente enriquece e transforma o processo de formação do self, ele também produz um novo tipo de intimidade que não existia antes e que se diferencia em certos aspectos fundamentais das formas de intimidade características da interação face a face. Nos contextos de interação face a face, os indivíduos são capazes de formas de intimidade que são essencialmente recíprocas; isto é, suas relações íntimas com os outros implicam um fluxo de ações e expressões, de perdas e ganhos, de direitos e obrigações que correm nos dois sentidos.

O amálgama que fundamenta as relações sociais em diferentes níveis e estabelece um padrão social em larga escala só poderia ser aquele que permite a circulação das informações para um grande contingente populacional ao mesmo tempo e com regularidade. Estamos nos referindo, portanto, aos meios de comunicação ou à mídia – inicialmente, os meios impressos e, em seguida, os meios eletrônicos.

> O termo *mídia* vem do latim *media* e significa "meios". Trata-se do plural de *medium*. No Brasil, o termo reproduz a mesma sonoridade do inglês, mas foi "abrasileirado". Assim, *mídia* é a palavra utilizada para fazer referência aos meios de comunicação de massa. Em Portugal, por exemplo, onde o termo foi mantido como no original, a forma usada é *media*.

Meios de comunicação de massa são, pois, os elementos que possibilitam a realização da transmissão de informações em grande volume para muitas pessoas, ao mesmo tempo, de modo que os conteúdos sejam compreensíveis a esse contingente. A tecnologia, a estrutura física, as empresas, os profissionais e as produções, por sua vez, constituem os meios de comunicação de massa.

Seguindo a concepção funcionalista dos meios de comunicação, poderíamos compreender o processo de comunicação com base nas funções exercidas por essa indústria. De um lado, temos os acontecimentos do cotidiano, do qual se extraem as informações que expressam as experiências humanas. De outro, está o público, exposto a esse macroambiente midiatizado. Os meios de comunicação se interpõem nessa relação e possibilitam a seleção, a apuração, a elaboração e a transmissão de um grande conjunto de mensagens.

Para saber mais

A partir da década de 1940, surgiu uma corrente teórica voltada a estudar os efeitos dos meios de comunicação de massa. Os funcionalistas desenvolveram pesquisas quantitativas para atender a interesses do mercado. Entre eles, podemos citar o sociólogo, cientista político e teórico da comunicação estadunidense Harold Lasswell (1902-1978), preocupado com a gestão das opiniões, tendo em vista o uso de técnicas de comunicação, como as relativas ao telégrafo, ao telefone, ao cinema e ao rádio. Ele verificou a função propagandística da comunicação como resolução de conflitos e desenvolveu o modelo da agulha hipodérmica, que avaliava a incidência dos meios sobre indivíduos atomizados. Essa corrente atribuía grande poder à mídia e associava a comunicação a aspectos orgânicos.

Figura 1.1 – Funcionamento da mídia

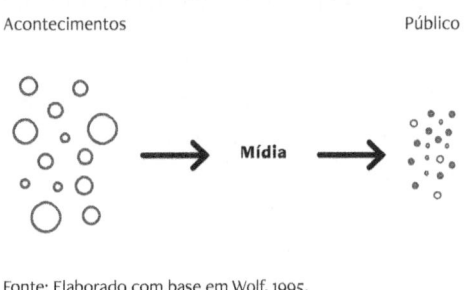

Fonte: Elaborado com base em Wolf, 1995.

Os meios de comunicação de massa, ou seja, as organizações, os profissionais e a infraestrutura capazes de assegurar a produção e a circulação de conteúdos em larga escala a ponto de atingir uma grande quantidade de pessoas ao mesmo tempo, surgiram inicialmente em meio impresso, expandindo-se mais fortemente a partir do século XVI, com o desenvolvimento do processo de impressão.

As revoluções e reformas sociais que se sucederam foram resultado do papel da mídia, que contribuiu decisivamente para elevar o nível de consciência política e transformou a sociedade em todos os seus aspectos, demarcando a passagem de uma sociedade tradicional para a Era Moderna (Briggs; Burke, 2004).

Com o desenvolvimento da eletricidade, surgiram o rádio e o cinema e, mais tarde, na década de 1940, a TV popularizou-se e estabeleceu-se como o principal meio de comunicação do mundo em termos quantitativos e qualitativos. As produções exibidas pela "caixa mágica" tornaram-se muito influentes e consagraram o que Mattelart (1994) chama de *era das multidões*.

Desde então, os meios de comunicação acumularam *expertise* para a produção de conteúdos que serviram como instrumento para a consolidação do conceito de *nação* (Ortiz, 1994). Transformando-se na principal forma de acesso a entretenimento e cultura, passaram a ser a janela do mundo com seus noticiários e, em alguns países, ocuparam o espaço complementar para uma formação educativa, cultural e cidadã.

Ao se utilizar um meio de comunicação de massa, ou seja, ao se enviar uma mensagem para um grande contingente populacional ao mesmo tempo, o conteúdo será recebido de forma massiva e provocará diferentes efeitos. Sob um ponto de vista crítico, os meios exercem uma atividade persuasiva, no sentido de promover as práticas de consumo, sobretudo quando vendem tempo e espaço para anunciantes, cujo objetivo é aumentar o consumo de bens, produtos e serviços. No entanto, complementarmente, verifica-se também a difusão de formas de pensar e de maneiras de se comportar que são resultantes do conteúdo midiático presente em praticamente todos os aspectos de nossa vida. Valores, ideias e princípios são compartilhados cotidianamente e moldam a maneira como os indivíduos devem se relacionar com o mundo ao seu redor.

Hoje, é praticamente impossível pensar em qualquer forma de consumo midiático para entretenimento, informação ou relações pessoais sem que essas ações passem pelo uso de tecnologias, aplicativos ou outros serviços disponíveis.

1.6 A mídia e o drama da modernidade

Os meios de comunicação de massa, ou seja, jornais impressos, estações de rádio e TV, tornaram-se as mais relevantes ferramentas do processo de transformação das relações sociais na modernidade. Por um lado, promoveram a cidadania por meio do acesso a bens culturais e reconfiguraram o espaço público. Por outro lado, reforçaram o aspecto ideológico da democracia e fortaleceram uma percepção particular da realidade baseada nos interesses burgueses.

Habermas (1984) identifica que a construção das relações sociais na Era Moderna passou por uma mudança estrutural a partir do momento em que a esfera privada começou a determinar a esfera pública. Ao se referir aos primórdios da mídia nos países europeus, entre os séculos XVIII e XIX, quando os impressos predominavam como principal produto cultural, Habermas (1984, p. 217-218) aponta para essa contraditoriedade: "a imprensa, que até então fora instituição de pessoas privadas enquanto público, torna-se instituição de determinados membros do público enquanto pessoas privadas – ou seja, pórtico de entrada de privilegiados interesses privados na esfera pública".

Marcados pelo domínio privado, os meios de comunicação de massa assumem o caráter público, mas representam, na verdade, os interesses de grupos distintos da sociedade por meio da disputa pública de opiniões. Essa relação está muito bem demarcada pela aliança entre jornalismo (prestação de serviços informativos), entretenimento (oferta de serviços culturais) e publicidade (instrumento de financiamento dos meios). Ou seja, nenhum conteúdo exibido nos meios de comunicação é desinteressado. Nessa perspectiva, o veículo pode se travestir de interesse público, justamente para garantir seu papel mediador no espaço público, mas a própria dinâmica de financiamento das emissoras é determinante para a seleção dos programas, assuntos, enquadramentos, pessoas e narrativas que farão parte dos processos de produção midiáticos.

Na medida em que os meios se constituem como organizações privadas que atuam na esfera pública, como ocorre no Brasil, a construção dos interesses públicos passa a ser determinada por grupos que têm mais condições de impor sua visão de mundo sobre os demais por meio da imposição do poder econômico, político ou cultural.

Considerando-se, portanto, que os meios de comunicação são empresas com fins lucrativos, quem são os principais financiadores da mídia? Em primeiro lugar, devemos encarar o público como meio e não como fim. A produção voltada para atender aos interesses da audiência não é financiada diretamente pelo público, mas é a quantidade de pessoas dispostas a consumir um conteúdo que determina o valor do espaço publicitário do veículo. Nesse sentido, as produções não são vendidas ao público, mas é o público daquele meio que é vendido como potencial consumidor para uma empresa interessada.

Cabe notar, ainda, que a aceleração do avanço tecnológico dos meios de comunicação implica uma constante defesa da individualidade. Nesse sentido, vivemos uma era de ideologia comunicacional que constrói um novo tipo de racionalidade. Ela é crítica à própria modernidade, como se percebe nas crises institucionais observadas nos dias de hoje; por outro lado, liga-se a fundamentos da própria modernidade ao expressar a defesa dos interesses individuais. Daí a dificuldade em regular a comunicação, uma vez que ela se insere entre os dois campos: o público e o privado.

A racionalidade moderna pressupõe que a liberdade individual deve ser pautada pelo direito à informação. É o que permite ao indivíduo guiar suas ações por meio da maior quantidade de relatos possíveis sobre a experiência humana. A construção do mundo real pelo indivíduo por meio de um processo mediado por tecnologias da comunicação está, portanto, sustentada no uso técnico racional dos meios com interesses particulares.

Ainda que o modelo de sistema de comunicação adotado por determinado país seja o do monopólio estatal, como ocorreu em boa parte dos países europeus ou socialistas no que diz respeito ao sistema de radiodifusão (veículos que utilizaram ondas de rádio para emissão de conteúdos, como emissoras de rádio e TV), os meios são uma das principais expressões da sobreposição da esfera privada sobre a pública. Esse, portanto, é o drama da comunicação em qualquer sociedade: a comunicação é expressão da liberdade, ao mesmo tempo que se legitima como instrumento ideológico.

Síntese

Neste capítulo, destacamos que os meios de comunicação exerceram um papel revolucionário ao longo dos últimos trezentos anos e foram responsáveis por grandes transformações que implicaram mudanças profundas na organização das sociedades, tanto em aspectos individuais, relacionados a valores, hábitos e comportamento das pessoas, quanto nos regimes de governo e no desenvolvimento da ciência e da tecnologia.

A essência desse processo está na maneira como a informação passou a ser tratada e distribuída, visto que as tecnologias desenvolvidas para esse fim possibilitaram o acesso e a difusão de conteúdos em larga escala. Nesse sentido, vimos o conhecimento se popularizar e a comunicação se tornar uma atividade essencial para a vida das pessoas.

Por fim, mostramos que, embora os meios de comunicação tenham sido e continuem sendo fundamentais nas transformações que vivenciamos, são consideráveis os problemas inerentes a essa grande estrutura. As relações de contraditoriedade entre os interesses público e privado, manifestadas pelo papel que a mídia exerce na sociedade, são uma expressão das contradições da própria modernidade, que se caracteriza pela convivência com uma eterna crise.

Atividades de autoavaliação

1. O conceito de informação deve ser associado diretamente ao conhecimento. Os acontecimentos do cotidiano geram inúmeras informações, de modo que a experiência humana na relação com outros seres humanos ou com a natureza é geradora de informação. Sobre esse aspecto, indique a afirmativa correta:
   a) Todo acontecimento deve ser considerado informação, independentemente de ser transmissível.
   b) O conhecimento nem sempre é resultante do acesso que temos aos fatos da realidade.
   c) O acesso à informação pode se dar por meio de relações diretas que estabelecemos com o mundo.
   d) A informação capaz de gerar conhecimento só pode ser consumida por meio de relações indiretas com os acontecimentos.
   e) Toda informação tem por princípio o uso de meios de comunicação.

2. Para McLuhan (1964), os meios de comunicação determinam a própria mensagem e, se a mensagem é o conteúdo elaborado sobre o pensamento humano, os meios seriam determinantes sobre as relações humanas. Indique qual das afirmações a seguir representa uma crítica a esse pensamento:
   a) Os meios de comunicação definem a maneira como os seres humanos se relacionam.
   b) O reforço ao determinismo tecnológico sobre as relações humanas considera as máquinas como equipamentos autônomos.
   c) O meio não é a mensagem, como afirma McLuhan, já que a informação depende da interpretação do receptor.
   d) Os meios de comunicação não são tão poderosos como se imaginava.
   e) Todo meio de comunicação é complementar ao anterior.

3. Os meios de comunicação de massa, responsáveis por um intenso processo de transformação na sociedade nos últimos duzentos anos, tornaram-se essenciais para a vida moderna. Sobre esse assunto, marque a opção cuja afirmativa está correta:
   a) Os meios de comunicação de massa surgiram, principalmente, por iniciativa governamental.
   b) Todo meio de comunicação carrega o sentido de produção em larga escala.

c) Inicialmente, a comunicação de massa foi marcada pela produção diversa, cujo objetivo era atender diferentes interesses do público ou segmento.
d) A força dos meios de comunicação de massa está relacionada sobretudo à sua capacidade de produzir muito conteúdo.
e) O fundamento dos meios de comunicação de massa é que eles se interpõem entre os acontecimentos e o público, mediando essas relações.

4. Os meios de comunicação de massa, ou seja, jornais impressos, estações de rádio e TV, tornaram-se as mais relevantes ferramentas do processo de transformação das relações sociais na modernidade. Com base nessa afirmativa, analise as seguintes asserções:

I) Os meios de comunicação promoveram a cidadania por meio do acesso a bens culturais e reconfiguraram o espaço público.

II) Os meios de comunicação reforçaram o aspecto ideológico da democracia e fortaleceram uma percepção particular da realidade baseada nos interesses burgueses.

Agora, indique a opção de conectivo que relaciona corretamente as duas sentenças:

a) Por isso.
b) Afinal.
c) Porém.
d) Por outro lado.
e) Da mesma forma.

5. Um veículo de comunicação, independentemente de sua natureza jurídica, presta ou deveria prestar um serviço à sociedade, promovendo informação, educação e cultura, conforme descreve a legislação brasileira. Tendo em vista esse aspecto, indique a alternativa cuja afirmação a respeito da mídia brasileira está correta:

a) A produção de conteúdos que favoreçam o governo, independentemente dos erros que possam ser cometidos por gestores, pode ser considerada uma prestação de serviço.

b) No caso de os meios de comunicação apresentarem conteúdos com grande audiência, podemos considerá-los uma expressão do interesse público.
c) Um exemplo de programação que atende a fins públicos é a produção de noticiários.
d) Produções de baixa qualidade técnica ou de cunho popular não atendem ao interesse público.
e) A transmissão da informação ocorre exclusivamente por meio de programas jornalísticos ou publicação de notícias.

Atividades de aprendizagem

Questões para reflexão

1. A crítica de Habermas aos meios de comunicação está baseada no fato de que estes são empresas ou organizações de domínio privado que atuam na esfera pública. Explique de que maneira essa condição pode representar algum tipo de problema para a sociedade.

2. Os meios de comunicação representam um importante suporte para a vida em sociedade e carregam consigo os dilemas da própria modernidade, cujo fundamento está na relação entre indivíduo e sociedade. Nesse sentido, explique em que medida os meios de comunicação podem ser responsabilizados pelas mazelas sociais.

Atividade aplicada: prática

1. Todo processo de comunicação implica o uso de informações. Atualmente, temos observado uma circulação cada vez maior de informações em diferentes ambientes e condições. Faça uma entrevista com pessoas de seu convívio para saber o quanto a informação pode ser útil na vida delas e quais são os principais desafios para garantir que a informação de fato se transforme em conhecimento.

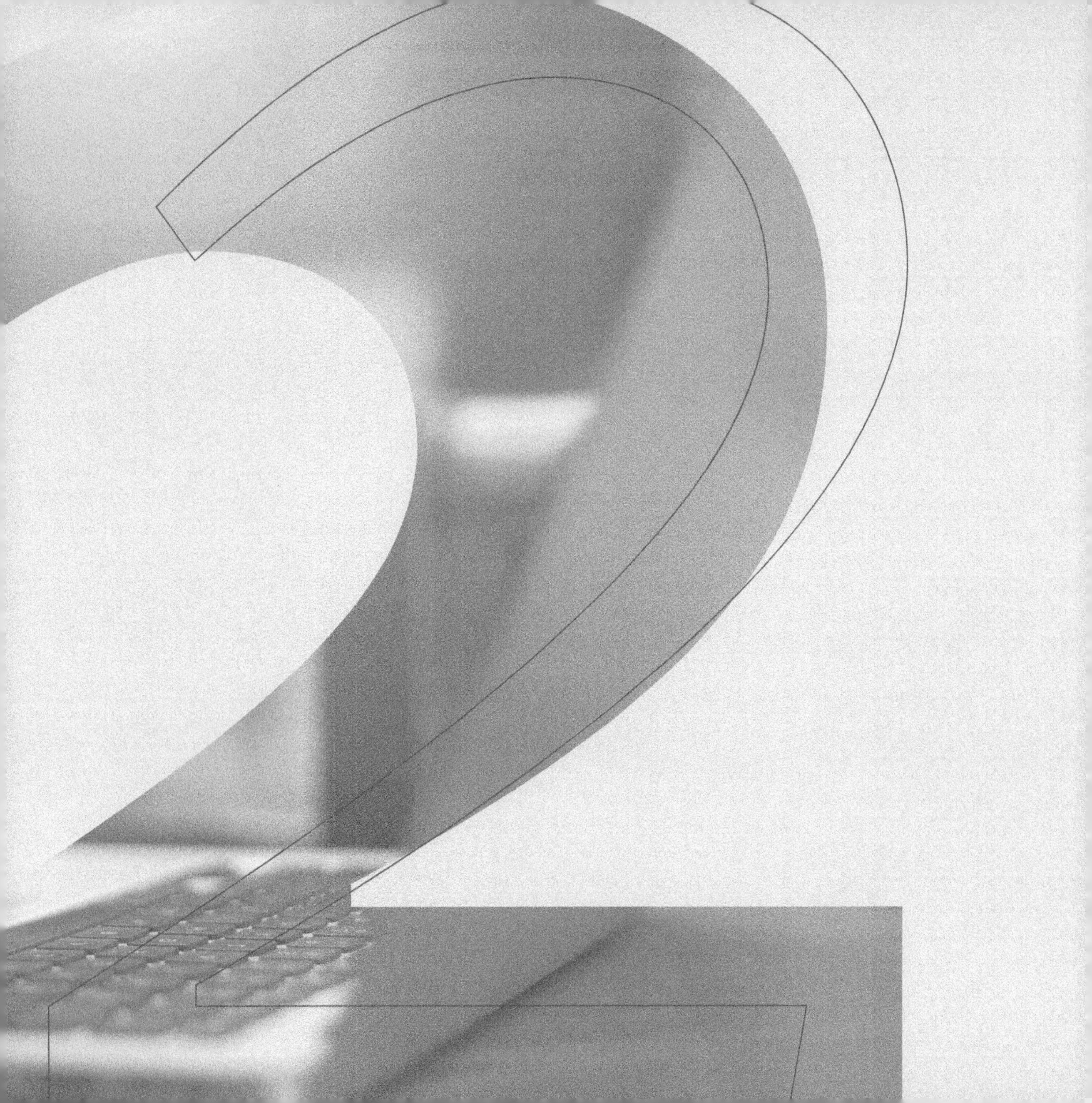
2

Questões históricas e conceituais sobre opinião pública

Ricardo Tesseroli

Neste capítulo, vamos analisar o conceito de esfera pública e privada com base nos estudos de Jürgen Habermas. Veremos diferentes estudos e teorias sobre a formação da opinião pública, bem como uma série de conceitos e definições que são atribuídos à expressão *opinião pública*. Também examinaremos o papel dos meios de comunicação de massa na formação da opinião pública, bem como o conceito de pesquisa de opinião por amostragem. Por fim, vamos refletir sobre a formação da opinião pública em tempos de redes sociais digitais.

2.1 Contextualização

A expressão *opinião pública* está presente no vocabulário contemporâneo e aparece quase diariamente nos veículos de comunicação. Exemplos não faltam do largo uso desse termo, basta ler algumas manchetes de jornais: "Pressão da opinião pública faz presidente desistir de unir os ministérios da Agricultura e do Meio Ambiente", "STF está intimidado pela opinião pública", "Pesquisas mostram mudança da opinião pública em relação ao presidente". É comum fazer referência à opinião pública como a opinião da maioria, como uma opinião predominante ou como resultado de pesquisas quantitativas.

Ao fazermos uma busca em dicionários e enciclopédias, podemos encontrar algumas definições que estão em consonância com essa ideia. A maioria converge para o entendimento de que a opinião pública seja o conjunto de ideias, opiniões e valores de uma sociedade em relação a determinado assunto ou considera que essa expressão diz respeito à opinião predominante em uma sociedade.

Atualmente, tornou-se comum o uso do termo *público* para aludir a uma opinião que se considera majoritária, que é expressa publicamente ou que se tornou relevante em determinado contexto político e social. Porém, conceituar e entender o que queremos dizer quando nos referimos à opinião pública não é algo tão simples como parece.

Desde a Antiguidade Clássica, passando pela Idade Média até chegarmos aos tempos modernos, essa expressão tem sido conceituada, estudada e amplamente utilizada. Os romanos costumavam usar a expressão *consensus populi* (consenso popular), à qual conferiam um sentido jurídico. Na Grécia Antiga, o significado mais próximo de *opinião pública* encontrava-se nos debates que ocorriam na ágora. Na Idade Média, era utilizada a expressão *vox populi, vox Dei* (A voz do povo é a voz de Deus), adotada ainda hoje.

O uso da expressão *opinião pública* com o significado de participação da população nas coisas de interesse público só ocorreu em meados do século XVIII, na obra do filósofo e teórico político suíço Jean-Jacques Rousseau (1712-1778), "quando o autor de *O contrato social* escreveu que a vontade do povo é a única origem da soberania e das leis" (Andrade, 1964, p. 109).

Entretanto, foi o jornalista e escritor estadunidense Walter Lippmann (1889-1974) que, em sua obra *Opinião pública*, de 1922, cravou o início da discussão sobre opinião pública nos tempos modernos. Para

Lippmann (2008 citado por Ferreira, 2015, p. 63) a opinião pública "seria a média das opiniões circundantes em uma determinada sociedade num determinado momento". O autor elabora sua conceituação com base no pressuposto de que as pessoas são impossibilitadas de ter um conhecimento direto da realidade, o qual seria obtido pelos meios de comunicação. Esse pensamento será aprofundado na sequência.

É impossível, no entanto, construir um entendimento sobre opinião pública sem passar pelos estudos do filósofo e sociólogo alemão Jürgen Habermas (1929-). É justamente no pensamento habermasiano, mais especificamente em seus estudos sobre esfera pública, que identificamos o ponto de partida para nos levar a uma melhor compreensão da teoria criada em torno desse conceito.

2.2 Esfera pública

O conceito de Habermas acerca de esfera pública tem relação com a existência de uma arena de discussão e debate público nas sociedades modernas, voltada à burguesia letrada, podendo esses espaços ser formais ou informais. A esfera pública despontou nos salões, cafés e ambientes privados na Europa dos séculos XVII e XVIII, principalmente em Londres e Paris, onde a burguesia se encontrava para discutir assuntos do cotidiano. Para o autor, a esfera pública é um local de debate no qual os assuntos de interesse geral podem ser discutidos e as opiniões formadas.

A esfera pública burguesa surgiu, de acordo com Habermas, como consequência da troca de informações iniciada com o capitalismo mercantil. Como explica Carvalho (2008, p. 44), "À margem das instituições políticas, os burgueses começaram a se reunir e discutirem em espaços seletos as decisões governamentais, 'dispondo de critérios institucionais em comum, entre os quais a exigência de uma sociabilidade que pressupõe algo como a igualdade de status'". A esfera pública era originada e se mantinha na presença de iguais.

Habermas (1984, p. 144) afirma que essa esfera pública burguesa é compreendida inicialmente como "uma esfera pública das pessoas privadas". Em seu entendimento, essas pessoas privadas se reúnem em público para defender a liberdade econômica e combater a dominação do Estado. Almeida (2006, p. 4) assinala:

segundo Habermas, a esfera pública burguesa mantém uma série de características básicas semelhantes: a reunião permanente de pessoas privadas num público buscando formar racionalmente uma opinião pública baseada no melhor argumento; onde a autoridade do melhor argumento se sobrepõe à hierarquia social e se contrapõe a esta, colocando-se, neste sentido, o burguês como um ser humano com direitos universais e não inferior ao aristocrata. Mas, a esfera pública burguesa nasce como esfera de proprietários privados.

Podemos caracterizar então a esfera pública, em um primeiro momento, como a livre discussão de assuntos de natureza política, em locais específicos, baseada na argumentação mútua dos participantes e no consenso atingindo por eles.

Entretanto, o desenvolvimento completo de uma esfera pública acaba não se concretizando. O declínio dessa esfera está ligado historicamente a três fatores: (1) sua institucionalização, baseada na abertura do espaço de discussão para setores da sociedade que começavam a se organizar, como os representantes de classes trabalhadoras, partidos políticos e sindicatos; (2) a crescente intervenção do Estado em toda a sociedade; e (3) a influência da mídia.

2.3   Habermas, a comunicação e a opinião pública

Para Habermas, a discussão democrática nas sociedades modernas foi influenciada pelos meios de comunicação de massa. Cervi (2006, p. 69) observa que a mídia "amplia a esfera pública, mas, uma vez ampliada midiaticamente, essa esfera perde o conteúdo político original para poder ser mais vendável ou aceitável socialmente, fazendo com que a racionalidade ceda espaço para a forma". Nesse sentido, os meios de comunicação de massa coletam informações e escolhem o enquadramento e o tom do que se vai divulgar. Dessa forma, controlam o que vai alimentar a esfera pública e influenciar todo o sistema.

Ao completar seu pensamento, Cervi (2006, p. 90), analisando a esfera pública em Habermas, enfatiza que, com os novos meios de comunicação do século XIX (rádio e TV), a esfera pública "se amplia e se modifica em função dos interesses privados presentes no sistema, fazendo com que, a partir de então, ao invés da mídia intermediar a opinião pública, ela passe a produzir elementos para a formação de opinião".

Contudo, mesmo com toda essa lógica comunicacional, não é possível delinear claramente o papel de cada um dos atores envolvidos no processo de construção da esfera pública. De acordo com Habermas (2003a, p. 111),

> mesmo que conhecêssemos o peso e o modo de operar dos meios de comunicação de massa e a distribuição de papéis entre público e atores, e mesmo que pudéssemos opinar sobre quem dispõe do poder dos meios, não teríamos clareza sobre o modo como os meios de massa afetam os fluxos intransparentes da comunicação da esfera pública política.

Assim, a formação da opinião de cada indivíduo, que resultará na opinião pública, acontece em um ato de fusão de informações. De posse de seu repertório e constituída por sua subjetividade, cada pessoa toma conhecimento de um fato pelos meios de comunicação, formula seus conceitos e depois discute com outros membros de sua esfera. Cada um desses indivíduos tem opinião própria, elaborada com base no que construiu por meio de sua subjetividade e nas informações dos meios de comunicação. Na junção de todos esses elementos é que se viabilizam e se formam as opiniões da esfera pública. Como sintetiza Pimenta (2007, p. 7), "as manifestações particulares assumem um caráter fundamental, formando essa constelação de discursos e, consequentemente, a opinião e a esfera pública".

Para um cidadão formar opinião sobre, por exemplo, a liberação de novos agrotóxicos para uso na lavoura, além do conhecimento prévio que tem sobre o assunto, ele precisa se informar utilizando os meios de comunicação. Com essas informações, esse cidadão vai conversar com outras pessoas que também fizeram isso e formará sua opinião. Nessa conversa entre iguais, surgirá a opinião pública a respeito do assunto.

Habermas define ainda três tipos de esfera pública, uma espécie de classificação que dá conta de apontar especificidades:

> Há esferas episódicas, que dependem de encontros ocasionais em bares ou até mesmo na rua, há esferas que contam com a presença organizada, como encontros de pais ou públicos que frequentam entidades e associações, e há ainda esferas públicas abstratas, produzidas pela mídia que une virtualmente consumidores de informação localizados globalmente. (Pimenta, 2007, p. 3)

Neste ponto, podemos perceber que os três tipos de esfera pública descritos abrangem abordagens que incluem a esfera pública tradicional burguesa; sua transformação (ou declínio, como afirma Habermas) por meio da incorporação de entidades de representação civil; e, em uma última instância, a produção da sensação de esfera pública criada pelos meios de comunicação. Em todas essas esferas, os cidadãos interpretam determinada situação e, em suas interações cotidianas, começam a constituir contextos comunicacionais, dando assim forma à opinião pública.

Questões da vida privada acabam encontrando contextos comuns nas discussões da esfera pública, e essas interpretações se entrelaçam. É nesse cenário que os meios de comunicação alicerçam suas ações, apesar de muitas vezes envolverem indivíduos e grupos distantes fisicamente. Habermas (2003a) ressalta que existem diferenças entre as esferas privada e pública, mas não um limite que as separe, pois "enquanto a primeira assegura a intimidade, a outra implica em publicidade, demonstrando, inclusive, que há um fluxo de comunicação entre elas" (Pimenta, 2007, p. 3).

A esfera privada é o contraponto, o complemento da esfera pública. Ela é o setor da vida em sociedade que garante ao indivíduo determinado grau de autoridade e individualidade, em que ele se encontra livre de intervenções governamentais ou de outras instituições. Os principais exemplos de esfera privada são a família e o lar. Trata-se, pois, de uma sociedade bifurcada entre o público e o privado. Conforme analisa De Moura (2014, p. 16), "o que se vê na tradição liberal moderna é um pensamento dicotômico que contrapõe a razão e o desejo. De um lado o universal (espaço público da soberania e do Estado); de outro o particular (espaço privado da necessidade e dos desejos)". Nesse aspecto, configura-se, então, uma sociedade dividida entre um componente privado e outro público.

A esfera pública seria um local de liberdade, enquanto a esfera privada seria um lugar de intimidade. Carvalho (2013, p. 77) relata que a esfera privada, "ligada à casa e à família, caracterizava-se por ser um plano da existência no qual se buscava prioritariamente atender as necessidades da vida, garantir a sobrevivência individual e prover a continuidade da espécie". Em um estudo que teceu observações sobre as esferas pública e privada, Bezerra e Verástegui (2017) enfatizaram não a decadência da esfera pública, mas a destruição do espaço público e a invasão do espaço privado ocasionadas pelos meios de comunicação de massa. Dessa forma, assuntos pertinentes ao mundo privado invadem a esfera pública e podem se transformar em componentes que vão formar a opinião pública. De acordo com Pimenta (2007, p. 8),

> Obviamente, para que sejam atuantes na formação da opinião, tais manifestações precisam provocar interpretações, reflexões sobre um determinado assunto. Além disso, vale considerar que, para formar opinião pública, até mesmo essas conversações do cotidiano devem possibilitar a conexão da experiência particular do indivíduo ou grupo com algum princípio mais geral (caso contrário, não se trata de algo público).

Logo, as manifestações particulares de uma opinião poderão resultar na formação de uma esfera pública, que tem o poder de influenciar os meios de comunicação e, consequentemente, o meio político.

Como podemos perceber, Habermas também deu sua contribuição para a formação do conceito de opinião pública. Na visão dele, "a opinião do público pensante não é mais simplesmente *opinion*, não se origina de uma mera *inclination*, mas é uma reflexão privada sobre os *public affairs*, e a discussão pública deles" (Habermas, 1984, p. 116). Identificamos aqui o conceito de esfera pública do autor implícito no que ele definiu como *opinião do público*, ressaltando que essa opinião não se origina somente de uma inclinação do pensamento dos integrantes dessa esfera, mas também de uma reflexão pública que é feita acerca dos assuntos públicos. Em Habermas, a opinião pública pode ser, assim, uma instância crítica formada por cidadãos privados que interagem, dentro da esfera pública, em um processo racional de comunicação.

2.4 Questionamentos sobre a opinião pública

Como buscamos deixar claro, tratar do conceito de opinião pública não é uma tarefa simples. As teorias que predominaram até a década de 1950 consideravam que o cidadão comum tinha conhecimento da realidade pelos meios de comunicação. Desse modo, a mídia tinha grande poder sobre a chamada *opinião pública*, já que a sociedade era formada por indivíduos que se informavam, basicamente, por meio de jornais, rádio e TV.

Entre os principais estudiosos da opinião pública, destaca-se Walter Lippmann, já mencionado, um dos primeiros a procurar conceituar a opinião pública nos tempos modernos. Figueiredo e Cervellini (1995, p. 177) esclarecem que Lippmann

> alertava para o fato de que o mundo onde vivemos é muito vasto e complexo para que cada um de nós possa apreendê-lo sozinho, de forma independente. Hoje, ao formarmos uma opinião sobre qualquer assunto, teremos necessariamente que contar com informações produzidas e veiculadas por instituições e não obtidas exclusivamente de nossa experiência individual, se é que existe experiência exclusivamente pessoal.

Lippmann revela outro aspecto da formação da opinião pública: ele recorre às imagens que delineamos em nossa mente para explicar seu conceito. Quando as pessoas racionalmente procuram emitir suas opiniões, têm em sua mente uma ampla série de lembranças, ideias e imagens que são consultadas. A metáfora é usada para demonstrar que, para formularmos um pensamento sobre determinada coisa, usualmente recorremos às imagens guardadas em nossa mente. Essas imagens, oriundas da interação social e daquilo com o qual temos contato por meio da imprensa, são o alicerce das informações que vamos utilizar no processo de construção de uma opinião. Segundo Lippmann (2008, p. 37), "teremos que presumir que o que cada homem faz está baseado não em conhecimento direto e determinado, mas em imagens feitas por ele mesmo ou transmitidas a ele". Lippmann (2008, p. 40) utiliza essa argumentação para delimitar o que considera como opinião pública:

> Aqueles aspectos do mundo exterior que têm a ver com o comportamento de outros seres humanos, na medida em que o comportamento cruza com o nosso, que é dependente do nosso, ou que nos é interessante, podemos chamar rudemente de opinião pública. As imagens na cabeça desses seres humanos, a imagem de si próprios, dos outros, de suas necessidades, propósitos e relacionamento, são suas opiniões públicas. Aquelas imagens que são feitas por grupos de pessoas, ou por indivíduos agindo em nome dos grupos, é Opinião Pública com letras maiúsculas.

Nesse ponto, Lippmann faz uma distinção importante em sua conceituação de opinião pública. Para ele, *opinião pública* (com letras iniciais minúsculas) diz respeito às imagens que formamos em nossa mente, provenientes de nossas conservas culturais e de nossas relações com outras pessoas. Já *Opinião Pública* (com letras iniciais maiúsculas) consiste no resultado da ação de grupos de interesse (entre eles a mídia) ou de pessoas que agem em nome desses grupos (formadores de opinião). A opinião reconhecida como pública seria, então, uma opinião tornada pública e aceita pelo público, em vez de uma opinião surgida no público.

De uma forma muito simples, a opinião pública em Lippmann seria formada por uma série de imagens mentais, baseadas em estereótipos, que a sociedade resolve aceitar como verdadeiros. Nesse aspecto, vale destacar o papel da publicidade nesse contexto comunicacional. Lippmann (2008) considera que a propaganda constitui-se em um esforço para alterar a imagem a que os homens respondem, substituindo um padrão social por outro. Assim, o autor coloca a propaganda como uma das responsáveis por plantar as imagens em nossa mente e, em um contexto de grupos de interesse, essas imagens fazem com que determinado padrão de opinião seja substituído por outro.

Outras correntes de pensamento que ganharam notoriedade na segunda metade do século XX lançaram diferentes olhares sobre a formação da opinião pública, muitas delas assumindo uma visão elitista e atribuindo aos meios de comunicação um papel de protagonista na formação desse conceito. Entre essas correntes, destaca-se a **teoria do *agenda-setting***, ou **teoria do agendamento**, que será abordada de forma mais aprofundada no Capítulo 3. A base dos conceitos dessa perspectiva é que os meios de comunicação de massa estabelecem uma agenda de assuntos e definem os temas sobre os quais o público será informado e, consequentemente, o que ele vai pensar a respeito. Para McCombs e Shaw (1972), os meios de comunicação de massa selecionam os temas sobre os quais o público deve formar uma opinião, embora não sejam capazes de impor uma opinião já formada.

Outra teoria, a da **espiral do silêncio**, parte da premissa de que os cidadãos tendem a acompanhar uma opinião majoritária e silenciar as opiniões pessoais para fugirem de um possível isolamento social, ou seja, para não se sentirem deslocados ou não aceitos em um grupo. Esse fenômeno gera uma espiral que favorece a discussão do assunto majoritário em detrimento de possíveis opiniões diferentes ou contrárias. De acordo com Noelle-Neuman (1974), esse efeito espiral é produzido por aqueles que se sentem integrantes da maioria e que expressam suas opiniões, enquanto os setores minoritários tendem à autocensura.

Os dois exemplos são concernentes a correntes de pensamento que atribuíam aos meios de comunicação de massa e a comportamentos psicossociais, estimulados pelos meios de comunicação, relativo poder na formulação da opinião pública e no comportamento dos indivíduos e das massas. Cervi (2006, p. 115) observa que, para essas correntes, "a opinião pública é muito parecida com a ideia de consenso básico existente em uma sociedade, sem significar que se trata de uma espécie de pacto social racional ou conscientemente acordado". A opinião pública pode ter ou não um caráter político e é bem mais do que a soma das opiniões individuais e também não se pode confundir opinião com vontade popular.

> Chegar a um conceito de opinião pública não é uma tarefa fácil. Como podemos notar, há tantas definições já sistematizadas das mais variadas correntes epistemológicas que a formulação ou adoção de apenas um conceito torna-se uma questão meramente filosófica. Charaudeau (2016) é enfático ao afirmar que não existe uma opinião pública, e sim várias opiniões públicas. O autor ressalta que a opinião pública é heterogênea, composta de vários fenômenos, e que transparece em várias opiniões coletivas.

Para existir, a opinião pública precisa de um motivo, ou seja, de acontecimentos que sejam postos diante da audiência para que ela tome conhecimento e ocorram reações individuais. Assim, para que a opinião pública se manifeste, é necessário que algo aconteça, como um fato, uma ocorrência, um evento que provoque a reação de um grupo de indivíduos, isto é, algum tipo de acontecimento que afete o cotidiano dos cidadãos e que não tenha sido resolvido. Para Figueiredo e Cervellini (1995, p. 177),

> A opinião pública tem que corresponder à opinião de um grupo de pessoas que tenham algumas características comuns, não importando se pertençam à elite ou às massas, se são informadas ou não ou se formam a opinião de maneira racional ou emocional. Nesse contexto, as manifestações de minorias – por mais "minoritárias" que sejam – devem ser consideradas igualmente como uma das formas de manifestação da opinião pública.

Analisando sob essa perspectiva, podemos constatar uma grande diferenciação na evolução do conceito de opinião pública desde Habermas e sua esfera pública até Charaudeau, passando por Lippmann, McCombs e Shaw e Noelle-Neuman. Com o passar dos anos, o aprofundamento dos estudos sobre opinião pública tornou esse conceito cada vez mais amplo e complexo. De uma esfera pública burguesa letrada, o conceito passou a abranger indivíduos heterogêneos e minorias.

2.5 Teoria da opinião pública

A análise da opinião pública indica atualmente a existência de um arcabouço teórico vasto, que apresenta algumas dimensões. Desse marco teórico destacamos conceitos como direção, intensidade, coerência/consistência e latência. Para explicarmos cada um deles, recorreremos aos estudos de Figueiredo e Cervellini (1995) e Cervi (2006).

O conceito de **direção** está alicerçado no posicionamento da opinião pública a respeito de determinado tema que emergiu na sociedade. Figueiredo e Cervellini (1995, p. 180) pontuam que "a análise da direção da opinião pública pressupõe que para cada tema de interesse público existem escolhas a serem feitas. A direção informa basicamente se determinado grupo está a favor ou contra alguma coisa". Cervi (2006, p. 118) complementa esse pensamento e enfatiza que "tanto individualmente quanto do ponto de vista coletivo, são produzidas disposições gerais no sentido de adesão ou rejeição a uma ideia, com respostas positivas ou negativas".

Muito comuns nos dias atuais, além do posicionamento de ser contra ou a favor, são as ideias de esquerda e direita, principalmente quanto tratamos de correntes, ideologias ou ações da elite política. Esse fenômeno recente traz à direção uma dimensão praticamente lúdica em sua conceituação. Um exemplo claro, que podemos usar para ilustrar o conceito de direção, diz respeito à liberação do aborto. Mais do que ser a favor ou contra essa medida, o posicionamento da opinião pública pode mostrar que a tendência de ser contrário ao aborto está mais voltada à direita e que a posição favorável ao aborto está mais voltada à esquerda.

Outra característica importante para analisar de forma adequada a opinião pública é a **intensidade**, que, segundo Figueiredo e Cervellini (1995, p. 180), é a propriedade que "indica o grau de adesão a cada opinião, dando uma medida de força da manifestação. Pode-se imaginar facilmente que os efeitos de uma situação onde a opinião pública é muito intensa são bem diferentes daqueles onde a força da adesão é menor". A intensidade ajuda a explicar por que algumas pessoas sentem-se mais aptas a formular e a expressar uma opinião sobre alguns temas em detrimento de outros. Para Cervi (2006, p. 119), "As diferentes intensidades, quando estáveis ao longo do tempo, também servem para indicar uma maior lealdade dos indivíduos ao grupo que pertencem, pois eles permanecem discutindo e apresentando opiniões sobre temas mais relevantes ao grupo".

A intensidade está diretamente relacionada à força da opinião pública. Podem existir opiniões com considerável força, mas que duram um curto espaço de tempo, assim como opiniões que podem não demonstrar tanta força, mas que se mantêm com certa evidência por um maior período de tempo. Um exemplo é a comoção gerada em torno de catástrofes ambientais ou atentados terroristas, casos em que, muito mais do que manifestações de direção, vemos a intensidade da opinião pública.

Além de conseguirmos perceber para onde a opinião pública aponta por meio da direção e qual é o nível de conflito por meio da intensidade, podemos verificar qual é a **coerência** ou **consistência** desse fenômeno social. Para explicarem a consistência, Figueiredo e Cervellini (1995, p. 180) recorrem a um exemplo:

Em uma mesma pesquisa, 51% dos entrevistados concordaram com a frase "toda mulher tem o direito de controlar o seu próprio corpo", mas também 80% se opuseram à ideia de usar o aborto como forma de controle de natalidade. O analista interpretou tais dados como um desejo dos americanos em manter a liberdade individual, mas ao mesmo tempo forçar mais responsabilidade nas pessoas. Neste caso trata-se de uma incoerência lógica, mas que pode ter uma interpretação plausível.

Esta combinação de distribuições de opinião logicamente antagônicas entre si pode ser um indicador de que as decisões estão muito frágeis sobre o tema e que uma argumentação convincente pode fazer a opinião pública mudar muito rápido.

A consistência da opinião pública é um fator que pode ser mais bem percebido quando está em jogo um assunto complexo e de grande impacto social ou um tema controverso. Quando é muito difícil para um número considerável de indivíduos entender as questões discutidas, a probabilidade de essa opinião não ter muita consistência ou coerência é grande. Isso acontece também quando argumentações conflituosas começam a aparecer na análise de determinado tema. Para Cervi (2006, p. 119), a consistência "tem relação com a organização, pois quanto maior o grau de consistência interna de uma opinião, melhor será a organização de um *cluster* de opiniões".

Para refletir
Para entender melhor a que nos referimos quando falamos de consistência e coerência da opinião pública, basta recorrer à lembrança das manifestações que chegaram a pedir o fechamento do Congresso, em 2019 e 2020, com algumas pessoas se manifestando também a favor do retorno da ditadura civil-militar. Qual seria a inconsistência desse caso? No fato de se fazer uma manifestação para reivindicar um sistema de governo que em sua essência impediria a realização de manifestações dessa natureza.

A quarta propriedade da opinião pública é a **latência**, a qual, de acordo com Figueiredo e Cervellini (1995, p. 183), diz respeito ao estado de hibernação da opinião pública em oposição à ativação:

> Um fenômeno de opinião pública latente é aquele onde existe um potencial para uma manifestação, mas ainda não houve explicitação da opinião, ou seja, ela ainda não se tornou pública. A passagem do estado latente para o ativo vai depender da relevância e do nível de relação que o estímulo ativador mantém com os valores, crenças e atitudes básicos do indivíduo.

A latência da opinião pública tem relação, portanto, com o adormecimento de determinada opinião que tem potencial para se tornar intensa, mas que ainda não foi explicitada e, dessa forma, não foi ativada. Essa ativação depende de um estímulo, de um gatilho que traga a discussão à tona e desperte o assunto no seio da sociedade.

Um exemplo claro em que podemos perceber a latência refere-se aos episódios de racismo no meio esportivo. Uma torcedora do Grêmio foi flagrada xingando com palavras racistas um jogador da equipe do Santos durante um confronto válido pela Copa do Brasil em 2014. Era um assunto que permanecia adormecido, até que determinado fato serviu de gatilho para o despertar da opinião pública e o assunto emergiu de forma intensa.

Com base nisso, podemos constatar como atuam as forças internas envolvidas na opinião pública, seus rumos e os sinais claros de que ela emerge sobre os caminhos que uma sociedade está tomando.

A opinião pública tem um objeto específico. Assim, o tema que a gera deve ser relevante o suficiente para gerar discussão pública. Conforme Figueiredo e Cervellini (1995, p. 178), "isso significa dizer que o tema tem que ser, em alguma medida, público, ao menos para que os participantes do debate se ponham minimamente de acordo a respeito do que está sendo debatido".

A opinião de um homem sobre seu enteado não pode ser considerada pública. Entretanto, se algum fato fizer com que ela ganhe relevância (por exemplo, se esse relacionamento estiver presente na trama principal de uma novela de grande audiência), a opinião das pessoas que conversam sobre isso, aliada à opinião de outras pessoas a respeito do mesmo tema, passa a ser uma manifestação de opinião pública, pois, como ressalta Andrade (1964. p. 110), "opinião pública pressupõe discussão pública".

Cabe destacar que a opinião pública pode ser considerada um processo intelectual completo, pois este começa da exposição de um problema, seguida da análise lógica até a formação de uma opinião concreta sobre esse problema. Exige, porém, a discussão desse problema por mais de uma pessoa, de modo que os envolvidos, racionalmente, ampliam essa discussão de uma maneira inteligente.

Outros fatores, além da racionalidade, estão presentes nas deliberações públicas, mas, para que haja a formação da opinião pública, é necessário o predomínio da argumentação racional por meio da interação entre os membros de determinado grupo. A deliberação crítica deve ser estimulada. Segundo Andrade (1964, p. 112), "Prevalecem, assim, as considerações racionais, exigidas em face dos argumentos e contra-argumentos oferecidos pelos elementos em discussão".

Por mais que não haja consenso acerca do caráter racional da opinião pública, não se pode negar que a discussão pública obriga os envolvidos a ter determinado grau de racionalidade, porque os argumentos e os contra-argumentos expostos precisam ser examinados e criticados. Em um diálogo público, as opiniões expostas resultam, de certa forma, de certo grau de acatamento das opiniões por parte dos indivíduos que dele participam. O nível de racionalidade dos debates e a participação ativa dos indivíduos vão influenciar a qualidade da opinião pública. De acordo com Andrade (1964, p. 118),

> É preciso notar que a discussão pública pressupõe debates preliminares e exploratórios, visando não somente a definir, com exatidão, a controvérsia, mas também a chamar a atenção para o problema, estimulando assim o aparecimento de considerações e propostas divergentes a respeito do tema em polêmica.

A opinião pública, sendo um processo racional, começa com o surgimento de questões de interesse comum, que são submetidas a diferentes pontos de vista e com direito ao contraditório até que se chegue a alternativas que resultem em um acordo.

2.6 Formação da opinião pública

A expressão *opinião pública* faz parte de um rol de conceitos clássicos aos quais, como vimos, são atribuídos diversos significados. Lazarsfeld (1972, p. 111-112) reuniu diversos matizes conceituais acerca desse termo, considerando que "a opinião pública é um complexo de pronunciamentos semelhantes de segmentos maiores ou menores da sociedade em relação a assuntos públicos".

O autor enumerou mais de uma dezena de interpretações para explicar seu pensamento. Para ele, a opinião pública pode ser espontânea (I), manipulada (II), expressa em clubes, assembleias, na imprensa (III) ou em sentimentos não revelados de cada um de nós (IV). Pode ser a opinião de um homem comum ou de um pequeno grupo de pessoas cultas (V) ou, ainda, algo que será avaliado de maneira diferente em diferentes países (VI). Também pode ser algo que se levanta contra um governo (VII). Em certas ocasiões, pode manifestar opiniões simples e naturais de um povo; em outras, expressões grosseiras e impensadas (VIII). Pode ser considerada com desdém ou ter a capacidade de fazer os homens reverem ou revelarem suas intenções (IX). Pode ser contagiosa como uma epidemia (X) ou, para finalizar, apenas uma palavra que enfeitiça os que estão no poder (XI).

Percebemos nessa enumeração a intenção de Lazarsfeld em mostrar a pluralidade de significados absorvidos por esse termo, os quais vão desde pensamentos ou ações individuais até comportamentos de massa. O autor não deixa de citar, no entanto, o poder da opinião pública sobre governantes e também o poder de que são investidos os governantes caso estes conquistem a opinião pública.

Sobre toda essa palheta conceitual, os meios de comunicação popularizaram a expressão *opinião pública* e passaram a consolidar a ideia de que o termo é algo que transcende a normalidade. A opinião pública, então, não representa a simples soma de opiniões individuais, pois, para a mídia, trata-se de um fenômeno social alicerçado em manifestações coletivas.

Existe uma relação entre o surgimento da opinião pública e o desenvolvimento dos meios de comunicação de massa. Os dois passaram a ganhar espaço durante a Revolução Industrial e o movimento de urbanização em massa. Nesse fenômeno, os integrantes do público, reunidos em um contexto de urbanização, apresentam opiniões sobre temas distintos com base nas informações de que tomam conhecimento pela mídia.

É nesse aspecto que se embasa toda a discussão do papel dos meios de comunicação de massa na formação da opinião pública, tema que esteve presente no percurso teórico apresentado até aqui. Destacamos teorias e estudos que apontam que os meios de comunicação de massa moldam a opinião pública por meio da escolha dos assuntos que vão compor a grade de assuntos a serem abordados e pelo enquadramento que dão às notícias que julgam ser relevantes, além de todo o jogo de interesses que se apresentam por meio da publicidade, ao qual foi atribuído também o poder de manipulação das imagens mentais que formulamos ao criar determinado pensamento a respeito do assunto apresentado à opinião pública.

Charaudeau (2016, p. 120), à luz dessas argumentações, lança outras questões que nos fazem repensar como os meios de comunicação atuam na formação da opinião pública:

> As mídias de informação (rádio, imprensa, televisão) dirão que sua missão não é manipular pessoas, mas informá-las. Isso é verdade. Mas o que se pergunta é se existe informação objetiva, pois a preocupação de interessar ao maior número de ouvintes, de leitores e de telespectadores não leva as mídias a espetacularizar as informações e, portanto, a desfigurá-las? Não se pode acusá-las de manipulação voluntária (exceto se estão a serviço de um partido ou de um poder particular), mas pode-se elencar os procedimentos de encenação da atualidade que mostram as responsabilidades das mídias no jogo de desinformação da opinião pública: a superatualização dos acontecimentos pela escolha e repetição das notícias mais dramáticas [...]; a aliança entre mídias e política numa relação de interesses mais ou menos consciente, nem sempre buscada, mas necessária [...].

O autor alerta para um fenômeno muito discutido hoje em dia, o da constante atualização das notícias paralelamente à repetição das notícias consideradas mais relevantes, principalmente em eventos com grande repercussão midiática. Tomemos como exemplo o caso recente da pandemia de covid-19, com a divulgação de notícias diárias sobre o número de infectados e de mortos. Esse fato vai além do envolvimento da mídia na formação da opinião pública, atuando também na manutenção dela.

De acordo com Olicshevis (2006), a mídia tem a capacidade de formular questões públicas. Ao fazer isso, alimenta a audiência e faz com que o público passe a formar uma opinião pública a respeito dos assuntos que trouxe à tona. Uma das grandes questões sobre a opinião pública reside na influência cada vez mais considerável de grupos de pressão, principalmente no interior dos meios de comunicação. As notícias seriam, então, dispostas de forma a persuadir as pessoas a aceitar o ponto de vista desses grupos.

Como praticamente nada na vida é imutável, a opinião pública também é passível de mudança, e uma das explicações aceitas para esse movimento é que as pessoas formulam suas opiniões sob diferentes condições sociais, as quais podem ser alteradas com o passar do tempo. Como esses cenários não se alteram todos ao mesmo tempo e não existe uma fórmula para que mudem, algumas opiniões podem acompanhar essas alterações mais rapidamente, enquanto outras permanecem por mais tempo.

Conforme Cervi (2006, p. 121), "mudanças consistentes da opinião pública podem ser agrupadas em dois grandes grupos. O primeiro é de caráter individual, gerado por autorreflexão; o segundo é de caráter social, definido aqui como rupturas ideológicas". Essa autorreflexão geralmente diz respeito ao amadurecimento do indivíduo como cidadão. Lane e Sears (1964, p. 30, tradução nossa) explicam que é

> no período entre a adolescência e a idade adulta que se encontram as maiores possibilidades de inovação ou mudança de opinião, pois nesse período os indivíduos encontram-se mais ativamente em contato com professores, colegas de trabalho, líderes políticos, personalidades, que podem influenciar suas posições.

O que devemos levar em consideração aqui é a possibilidade de pelo menos uma parcela dos indivíduos que compõem determinado grupo da sociedade rever suas opiniões ao longo do tempo.

No que se refere à ruptura ideológica, ela somente é possível em uma democracia, pois, para que aconteça, deve resultar do debate entre diferentes classes sociais ou correntes de pensamento. De acordo com Cervi (2006, p. 121), "identificar esse debate, correlacionando-o aos momentos de significativas mudanças de opinião, torna-se necessário para explicar as rupturas".

Dessa forma, a mudança da opinião pública está ligada às relações interpessoais e, em um segundo plano, aos meios de comunicação de massa, responsáveis por disponibilizar as informações que podem influenciar as opiniões individuais.

2.7 Opinião pública e pesquisas

Como vimos, os meios de comunicação são um importante elemento no processo de formação da opinião pública. É fundamental ressaltar, porém, que eles não são os únicos instrumentos que têm entre suas funções a publicização de ideias e informações sobre a opinião pública. Outro elemento muito discutido quando o assunto é opinião pública são as pesquisas por amostragem.

Muito populares na atualidade, as pesquisas de opinião ganham notoriedade especial em períodos eleitorais e em questões que envolvem atividades políticas e de governos. Como analisa Turgeon (2009, p. 7),

> Sem dúvida, a opinião pública influencia a política, em parte, porque ela informa as elites políticas sobre as preferências e percepções dos cidadãos acerca das propostas de políticas públicas e dos diversos acontecimentos políticos. Os governos, claro, podem responder ou não à opinião pública. Dependendo da intensidade das opiniões, os custos de não responder podem ser altos, especialmente na iminência das eleições.

O cidadão comum tem o costume de associar com frequência a ideia de opinião pública ao resultado das pesquisas eleitorais, de avaliação de governos e de preferência do cidadão, isso porque está acostumado a tomar conhecimento dos resultados de uma pesquisa por amostragem pelos meios de comunicação e porque vê nas pesquisas de opinião uma materialização da opinião pública.

Para Figueiredo e Cervellini (1995), as pesquisas são uma das ferramentas de informação existentes hoje. Nesse sentido, um dos papéis das pesquisas não é a formação da opinião pública, mas o de ser um instrumento que dará subsídios para que a deliberação aconteça.

Vale observar que a opinião pública é um fenômeno anterior à existência das pesquisas, porém, como estas retratam os aspectos mais visíveis, interessantes e discutidos da opinião pública, "é natural que a associação pesquisa-opinião pública seja feita, ainda que essa associação certamente não ajude no esforço de se conceituar algo que, afinal, existe independentemente das pesquisas" (Figueiredo; Cervellini, 1995, p. 175).

Para refletir

Por que as pesquisas não serviriam para retratar a opinião pública, mas somente para subsidiá-la? Para Andrade (1964), a opinião pública aponta para o debate racional de controvérsias de interesse geral e supõe a busca pelo entendimento entre os membros da sociedade. O que vemos aqui é a premissa de que as pesquisas de opinião não contemplam um dos fatores fundamentais para que a opinião pública se forme: a discussão, isto é, o direito à argumentação e ao contraditório. As pesquisas teriam a finalidade de gerar percentuais de consenso e indicar a opinião que tem maior número de concordantes ou discordantes. Elas expressariam a opinião da maioria, no entanto as respostas dadas às pesquisas não poderiam ser consideradas como um retrato da opinião pública existente, porque é necessário levar em consideração que nem todas as pessoas consultadas em uma aferição têm realmente uma opinião formada sobre o que foi questionado. Isso significa que o percentual de pessoas que respondem a uma pesquisa informando que não sabem opinar a respeito do que lhes foi perguntado não deve ser ignorado.

Nesse contexto, ganham relevância as considerações do sociólogo francês Pierre Bourdieu (1930-2002) em seu texto intitulado "A opinião pública não existe" (Bourdieu, 1982). De acordo com o autor, presume-se que a opinião pública seja uma opinião geral, um consenso, mas, na realidade, a opinião pública nesses moldes não existe; o que existe é uma opinião restrita, somente daqueles que têm poder de opinião. Para Bourdieu, nem todas as opiniões têm o mesmo valor. Dependendo de quem é o emissor da opinião, ela terá maior relevância que a opinião de outra pessoa. A opinião pública seria, então, a opinião daqueles que têm maior visibilidade.

Essa opinião é um discurso de autoridade, que poderia ser de uma única pessoa, de um grupo, de uma figura pública, de alguém renomado ou de algum mecanismo que atribuísse legitimidade ao discurso, a qual poderia ser concedida justamente pelas pesquisas de opinião. As pesquisas, então, funcionariam para tornar objetivo algo que é subjetivo em sua essência: a opinião.

Segundo Cervi (2006), Bourdieu questiona três aspectos das pesquisas de opinião: (1) o de que qualquer pesquisa pressupõe que todas as pessoas tenham opinião formada sobre o que está sendo questionado; (2) o de que todas as opiniões têm o mesmo valor; e (3) o fato de que, ao se apresentar a mesma pergunta a todos, fica implícita a hipótese de que há um consenso sobre os problemas e a respeito das questões que devem ser feitas. Sua função primordial é a imposição da ilusão de que existe uma opinião pública e de que esta é composta da soma das opiniões individuais. Nas palavras de Bourdieu (1982, p. 3):

> A "opinião pública" que se manifesta nas primeiras páginas dos jornais sob a forma de percentagens (60% dos franceses são favoráveis à...), esta opinião pública é um artefato puro e simples cuja função é dissimular que o estado da opinião em um dado momento do tempo é um sistema de forças, de tensões e que não há nada mais inadequado para representar o estado da opinião do que uma percentagem.

Conforme o ponto de vista defendido pelo autor, ao se perguntar, às pessoas, por meio de uma pesquisa, se elas são a favor do governo X, por exemplo, registra-se que 35% são favoráveis, 45% são desfavoráveis e que houve um índice de não respostas de 20%. Podemos afirmar que a quantidade de pessoas desfavoráveis é superior à parcela de pessoas favoráveis ao governo X e que há um resíduo de 20%. Então, é um erro dizer que a opinião pública é desfavorável ao governo X. Também é possível fazer esse cálculo desconsiderando-se o percentual de não respostas. Eliminar as não respostas, contudo, significa fazer aquilo que se faz com as pesquisas eleitorais nas quais há votos nulos ou brancos, ou seja, significa impor à pesquisa de opinião a filosofia das pesquisas eleitorais e distorcer seus resultados.

Bourdieu (1982, p. 8) enfatiza que impor às pessoas uma problemática da qual elas não se deram conta ou sobre a qual não pensaram interessa somente às pessoas que "detêm o poder e querem ser informadas sobre os meios de organizar sua ação política". Nesse sentido, o autor destaca que as pesquisas induzem os indivíduos a pensar no que eles não querem necessariamente pensar. Para ele, "tem-se muito mais opiniões sobre um problema quando se está mais interessado por este problema" (Bourdieu, 1982, p. 9). Ao darem a resposta, os entrevistados não estariam formulando uma opinião a respeito, mas apenas alimentando o interesse de quem quer ser informado sobre determinado assunto.

Ao defender esses pontos, Bourdieu (1982, p. 11-12) explica por que afirmou que a opinião pública não existe:

> Em suma, o que eu quis dizer foi que a opinião pública não existe, pelo menos na forma que lhe atribuem os que têm interesse em afirmar sua existência. [...] O que digo é apenas que a opinião pública na acepção que é implicitamente admitida pelos que fazem pesquisas de opinião ou utilizam seus resultados, esta opinião não existe.

Ao afirmar isso, o autor contradiz os que defendem que as pesquisas por amostragem populacional retratam a opinião pública, pois tais pesquisas consideram a opinião pública como uma soma das opiniões individuais. São opiniões isoladas, submetidas a uma lógica matemática que tem a finalidade de criar um clima de opinião, mas que não é a opinião pública propriamente dita.

2.8 A opinião pública em tempos de redes sociais digitais

Como vimos até aqui, os estudos sobre opinião pública são constituídos de um amplo arcabouço teórico que evoluiu com o passar dos anos. Nas últimas três décadas, entretanto, passaram a mirar um novo elemento comunicacional. O foco da discussão sobre opinião pública saiu dos meios de comunicação de massa (jornal impresso, TV, rádio e cinema) e recaiu sobre a internet e as redes sociais digitais.

Uma das discussões mais latentes atualmente se refere à circulação das informações em redes sociais e seu papel na formação da opinião pública. Nesse sentido, o que propomos nesta seção é apontar para onde essa discussão está pendendo, visto que se trata de um fenômeno recente e que ainda precisa ser mais bem compreendido e analisado.

A questão mais importante a ser pontuada alerta para o fato de que as informações circulam de modo diferente nas redes sociais em comparação à circulação de informações na esfera pública burguesa e nos meios de comunicação de massa.

Na internet, há duas questões fundamentais que interferem na circulação de informações. A primeira, de acordo com Recuero (2010), diz respeito a atores que, com base em suas percepções individuais, filtram e replicam as informações, tornando-as visíveis para o restante da rede. Esses atores teriam o poder de fazer uma curadoria de informações de modo que algumas delas ganhem visibilidade e outras não, potencializando um discurso e silenciando outro, o que consequentemente influenciaria a formação da opinião de quem tivesse contato com essas informações. Nas palavras de Soares e Recuero (2017, p. 20), "a partir da estrutura da rede, os atores decidem dar ou não visibilidade para as informações. Essas ações, de modo coletivo, acabam influenciando as informações que circulam e criando processos de difusão". Nesse sentido, a construção da opinião pública depende da ação de difusão de informações tomadas pelos atores nas redes sociais.

Outro aspecto que merece destaque é o papel desempenhado pelos algoritmos nas redes sociais, os quais ganham cada vez mais importância na seleção das informações que são consideradas importantes pelos usuários das redes sociais digitais. Conforme Gillespie (2018, p. 96), "Os algoritmos projetados para calcular o que 'está em alta', o que é 'tendência' ou o que é 'mais discutido' nos oferecem uma camada superficial das conversas aparentemente sem fim que estão disponíveis".

Dessa forma, os algoritmos colaborariam para uma nova espiral do silêncio, em que seria dado muito mais destaque aos assuntos do momento ou às visões preponderantes, silenciando-se as opiniões com menor adesão. Como resultado, isso dificultaria o contato dos usuários das redes com as opiniões contrárias e prejudicaria o processo de deliberação e discussão necessárias para a formação da opinião pública.

Entre os estudiosos da opinião pública em tempos de redes sociais, existe o pensamento de que os algoritmos podem estar "legitimando visões de verdade e razão, e a compreensão de que ao se ter determinadas visões de mundo reforçadas o tempo todo, não exista mais o espaço de criação de uma opinião de fato pública" (Fantini; Jandoso, 2018, p. 98).

Os algoritmos, de maneira silenciosa e constante, agiriam de forma a criar consensos, disponibilizando a determinado público somente informações que vão ao encontro dos interesses e convicções desses usuários, sem considerar o direito ao contato com informações contraditórias, criando-se, assim, uma bolha ideológica que inviabilizaria a formação de uma opinião pública de fato.

Síntese

Neste capítulo, ao analisarmos diversas esferas dos estudos sobre opinião pública, procuramos evidenciar o quanto eles são complexos e como é impossível chegar a um conceito fechado e definitivo sobre o assunto. O que percebemos, sim, é a variação do entendimento sobre o conceito de opinião pública desde os tempos da Antiguidade Clássica até os dias atuais, quando as redes sociais dominam a distribuição das informações que chegam aos usuários dessas redes.

Podemos considerar que a opinião pública é resultado do posicionamento dos indivíduos sobre temas específicos, tendendo, dessa forma, à heterogeneidade de opiniões, e ainda que, por mais que seja influenciada pela burguesia, pelos meios de comunicação, por pesquisas, por formadores de opinião ou pelas redes sociais, para existir opinião pública, precisa haver deliberação e discussão. Os indivíduos não devem ser expostos somente ao posicionamento dominante; também precisam ter acesso ao contraditório. Caso isso não ocorra, não existe formação da opinião pública propriamente dita, mas um clima de opinião, que não representa fielmente o que podemos chamar de *opinião pública*.

Atividades de autoavaliação

1. Existem várias interpretações sobre o conceito de opinião pública, as quais levam em consideração, entre outros fatores, classe social, grau de instrução e período de tempo. Por mais que a interpretação de como se forma a opinião pública não seja unânime, dois fatores apontados por diversos autores como essenciais à sua formação são:

a) pesquisas qualitativas e quantitativas.
b) uma classe burguesa e outra proletária.
c) formadores de opinião e meios de comunicação.
d) deliberação e direito ao contraditório.
e) unanimidade de pensamentos e classe social.

2. O jornalista Walter Lippmann deu uma importante contribuição, nos tempos modernos, para a discussão sobre a opinião pública. Entre as alternativas a seguir, indique a correta no que diz respeito ao conceito de opinião pública defendido por esse autor:

a) A opinião pública é o conjunto de opiniões privadas.
b) Os meios de comunicação de massa não desempenham um papel ativo na formação da opinião pública.
c) A opinião pública é formada por uma série de imagens mentais, baseadas em estereótipos que a sociedade aceita como verdadeiros.
d) Somente pessoas pertencentes à burguesia letrada poderiam deliberar sobre assuntos de interesse e formar a opinião pública.
e) As pesquisas de opinião são o retrato fidedigno da opinião pública.

3. A opinião pública é passível de mudança e existem duas explicações fundamentais para que ela ocorra. Uma delas é que as pessoas formulam suas opiniões sob diferentes condições sociais, as quais podem ser alteradas com o passar do tempo. O outro fator diz respeito a rupturas ideológicas que acontecem na sociedade. Esses dois fatores podem ser representados por:

a) escândalos públicos e mudança de regime político.
b) divulgação de pesquisas e notícias de grande impacto social.
c) fatores políticos e da vida privada.
d) manipulação dos meios de comunicação e das pesquisas de opinião.
e) mudanças de caráter individual, geradas por autorreflexão, e mudanças de caráter social, definidas por acontecimentos externos ao indivíduo.

4. Indique o conceito que não faz parte da teoria da opinião pública:
   a) Direção.
   b) Latência.
   c) Intensidade.
   d) Pluralidade.
   e) Consistência.

5. Para Lazarsfeld (1972), a opinião pública não pode ser encontrada:
   a) na imprensa.
   b) em uma ditadura.
   c) em uma assembleia.
   d) nos clubes.
   e) na fala de um grupo de pessoas cultas.

Atividades de aprendizagem

Questões para reflexão

1. O conceito de Habermas sobre esfera pública está relacionado à existência de uma arena de debate público frequentado pela burguesia. A esfera pública surgiu em salões, cafés e ambientes privados da Europa, nos quais a burguesia se encontrava para discutir assuntos do cotidiano. Nesse contexto, qual é a ligação existente entre a esfera pública descrita por Habermas e a formação da opinião pública?

2. Os estudos teóricos sobre opinião pública são vastos e apontam para uma variada gama de análises que se complementam e ajudam a entender a dimensão desse conceito. Nesse marco teórico, destacam-se as dimensões de direção, intensidade, coerência/consistência e latência da opinião pública. Explique como cada uma dessas dimensões pode ser entendida.

Atividade aplicada: prática

1. O conceito de opinião pública é complexo e varia de acordo com a visão do autor e o momento histórico. Converse com um colega sobre as mudanças que ocorreram no entendimento acerca desse termo do século XIX aos dias de hoje, desde o surgimento do cinema e da imprensa escrita, passando pela difusão do rádio e da TV, até a popularização da internet e das redes sociais.

3

Agendamento como corpo teórico do jornalismo: uma ideia em mudança de comportamento

Rafael Schoenherr

Marcela Ferreira

Neste capítulo, vamos examinar as bases da teoria do agendamento por meio da revisão de sua origem e das aplicações epistemológicas que têm sido desenvolvidas nos estudos de comunicação. Em nossa análise, buscaremos identificar os efeitos e as potencialidades da mídia em sociedade a longo prazo, considerando os níveis de atuação do agendamento. Também vamos refletir sobre as distintas agendas em circulação na sociedade e sobre a relação da teoria do agendamento com outras áreas do conhecimento, além de discutir as apropriações dessa teoria nos estudos brasileiros para a compreensão de diferentes fenômenos do jornalismo.

3.1 Uma hipótese inicial econômica com reiteradas investigações

Quando se fala em agenda, agendamento ou *agenda-setting* nos estudos de comunicação e jornalismo, é preciso ter em mente que se trata de uma teoria em atividade ou movimento. Visitar uma perspectiva dessa natureza implica um olhar diferente de abordagens casuais mais voltadas a conceitos episódicos, datados e a definições claramente abandonadas ou superadas no estado da arte, por assim dizer.

Tanto é assim que, no quadro de estudos seminais dos meios de comunicação de massa apresentados em compêndios de teorias da comunicação, o agendamento continua gerando resultados interpretativos e variações analíticas, ao contrário de outras perspectivas de passagem obrigatória em qualquer varredura da história das teorias da comunicação (Mattelart; Mattelart, 1999). A revisão da trajetória da teoria do agendamento se parece, portanto, com o registro fotográfico: ao se retratar a ideia de agenda, é preciso levar em conta o que está, de forma metafórica, fora do quadro da imagem, tendo em vista que a foto apreende ou congela um momento, sua captura da realidade é sempre parcial; do mesmo modo, essa releitura do agendamento opera por fragmentos mais do que por uma suposta completude ou totalidade teórica.

A teoria do agendamento ultrapassa cinco décadas de desenvolvimento, se tomado por base o estudo empírico seminal realizado durante as eleições de 1968 na comunidade de Chapel Hill, nos Estados Unidos. Somam-se 48 anos desde a primeira publicação (1972) que divulga efetivamente a proposta-síntese da então hipótese ou ideia em formulação e teste. Com certa regularidade (outra característica marcante desse tipo de estudo), uma sequência de publicações passa a aperfeiçoar, desdobrar e segmentar a ideia de agenda, em um esforço conjunto e contínuo de validação, resultante de acúmulos e seguindo uma tendência evolutiva específica.

Percebe-se, nas reiteradas proposições de investigação em torno da ideia de agendamento, o vigor de uma proposta central, sem descartar apropriações e adaptações particulares. Ainda em termos de apresentação geral, pode-se afirmar que se trata de uma teoria que hoje demarca um verdadeiro canteiro de estudos, experimentações, revisões bibliográficas, debates, problematizações e pesquisas de campo. Essas pesquisas buscam congregar a aparente simplicidade do enunciado teórico principal à complexidade dos fenômenos em causa. A teoria da agenda não raro foi atualizada mediante sondagens de campo em diálogo com acontecimentos de envergadura coletiva e de cenários de indecisão, como guerras e eleições, marcando uma interação com o tempo presente e com contextos de posicionamento público ou tomada de decisão.

Ao perfilar ainda de modo sumário o agendamento, é necessário considerar que essa perspectiva opera com modelos teóricos. A economia discursiva dessa sistematicidade não deveria permitir, no entanto, a rápida ou automática classificação dos estudos de agenda como pesquisa administrativa ou funcionalista[1], como o fazem diversos compêndios de teorias da comunicação. No Brasil, foi por meio dessas obras ou releituras e por intermédio de disciplinas de teorias da comunicação ou afins que essa perspectiva passou a circular em cursos de graduação e pós-graduação com mais ênfase na década de 1990.

Fazer essa ressalva não significa ignorar filiações, aproximações e encaixes em correntes de pensamento mais largas. Afinal, a teoria do agendamento conquistou, gradativamente, trânsito amplo nos estudos de jornalismo, opinião pública, política e comunicação. Admite-se, inclusive, que, cinco décadas após a proposta inicial de matriz estadunidense, os estudos de agendamento assumem escala transnacional e um de seus principais autores continua em plena produção acadêmica, com parcerias em diversos países.

Por fim, cabe acrescentar que o agendamento é uma teoria de fino interesse aos estudos de jornalismo e comunicação na medida em que busca articular as instâncias da produção e da recepção, um dilema caro a investigações sobre mídia que marca parte considerável do debate teórico-metodológico dos referidos campos pelo menos até a primeira década dos anos 2000. Já nas primeiras releituras das teorias da comunicação, o *agenda-setting* passa a ser compreendido como o estudo dos efeitos a longo prazo da mídia na sociedade, levando em conta processos de significação desenvolvidos pelos

---

1 Maia e Agnez (2010, p. 3) ponderam que essa categorização não é consensual.

meios de comunicação de massa na construção da imagem de uma realidade social que escapa, cada vez mais, à simples experiência direta (Wolf, 1995, p. 128-129).

Ou seja, coloca-se em cena uma perspectiva capaz de maior problematização (ou ao menos de alguma ponderação embasada) da atuação da mídia *em* sociedade e não exatamente *sobre* o público, em uma clara superação dos estudos administrativos pioneiros acerca dos efeitos diretos ou ilimitados sobre audiências. Incorrendo em eventual anacronismo, é possível dizer que existem brechas para o construcionismo na proposta inicial da ideia de agenda assentada em bases presumidamente funcionalistas da ciência da comunicação no período[2].

Outro sinal da potencial longevidade dessa teoria é que, no geral, o conjunto de estudos de agenda considera tanto os meios de comunicação de massa e as redes digitais quanto a conversação interpessoal. Trata-se, portanto, de uma teoria capaz de atravessar distintos cenários de transformação da relação do público com as tecnologias de informação e comunicação, dos meios de comunicação de massa aos dispositivos móveis de conectividade.

3.2 Uma proposta estrita e uma larga questão de fundo

A ideia mais restrita que deu origem a um verdadeiro e largo campo de estudos parte da hipótese de que existe uma correlação entre a saliência de questões na mídia e a proeminência de certos temas na agenda do público. Caberia sondar de que forma e em quais proporções os padrões de cobertura midiática estabelecem maior ou menor projeção de tópicos na agenda pública, isto é, aposta-se que há algum grau de correspondência entre essas duas agendas. Em termos de impactos sociais e políticos, significa assumir que os *media* estabelecem algum poder ao pautar os temas sobre os quais a sociedade deve pensar e tomar decisões e as questões dignas de maior ou menor preocupação individual e coletiva.

A perspectiva atenta, portanto, para esse poder do jornalismo, em um primeiro momento, de fixar ou modular a agenda pública (*agenda-setting*). A investigação pioneira nessa área foi feita no período

---

2   Maia e Agnez (2010, p. 3) interpretam que essa aproximação entre a perspectiva do *agenda-setting* e o construcionismo se deve à leitura popularizada pelo professor português Nelson Traquina em sua obra sobre o agendamento e o jornalismo.

das eleições presidenciais nos Estados Unidos na localidade de Chapel Hill, em 1968, com o objetivo de identificar como as questões prioritárias da cobertura jornalística tornam-se proeminentes na percepção do público. Para isso, procurou-se analisar a presença e a regularidade de temas nas fontes de informação do público (jornais diários, revistas e noticiários de TV) e mensurar a agenda do público via sondagens de opinião com eleitores para saber quais temais mais os preocupavam, de forma a identificar a origem das questões-chave da agenda pública.

Foi com esse estudo que o conceito de *agenda* foi introduzido no campo acadêmico, conforme Barros Filho (1995). Na época da publicação, a dupla de pesquisadores saía novamente a campo para realizar o estudo de Charlotte, na Carolina do Norte, novamente sobre as eleições presidenciais nos Estados Unidos (de 1972). As situações eleitorais ofereceram um material de pesquisa fascinante aos estudos de agendamento tanto na comunicação como na sociologia eleitoral (Barros Filho, 1995). Houve, nessa primeira leva de investigações, uma preferência por tratar da agenda pública política ou, de modo mais direto, das questões públicas em termos de agenda. Conforme Traquina (2000, p. 130), "No estudo original de Chapel Hill e em muitos dos estudos que se seguiram, tanto a agenda dos *media* como a agenda pública consistiam num conjunto de objetos, as questões públicas". O autor destaca que a agenda midiática se traduz, em ampla parte dos casos, na agenda jornalística.

> Aos poucos, a teoria do agendamento deixou de focalizar questões (*issues*) e eventos (*events*) e passou a adotar um conceito mais amplo, o de objetos (que podem englobar as ditas questões ou os tópicos, mas não se restringem a esses elementos).

Para Guo, Vu e McCombs (2012, p. 52, tradução nossa), "Os objetos na mídia e nas agendas públicas podem ser questões. Eles também podem ser candidatos a cargos políticos ou outras figuras públicas, instituições ou qualquer conjunto de objetos nos quais um pesquisador esteja interessado". Segundo os mesmos autores, quarenta anos depois da primeira publicação da hipótese, o primeiro nível de efeito de *agenda-setting* é a influência da agenda midiática de objetos sobre a agenda pública. Os autores assinalam que "Com base nessas medidas da agenda de objetos da mídia e da agenda de objetos do público – em Chapel Hill, os objetos eram problemas –, a correlação entre as duas agendas pode ser calculada para determinar a força do efeito de definição de agenda" (Guo; Vu; McCombs, 2012, p. 53, tradução nossa).

A hipótese inicial dos estudos de agendamento aponta para um fenômeno estrito e bem delimitado que expressa uma parcialidade dos processos complexos de articulação e produção de vínculos entre mídia e sociedade, qual seja, a correlação entre o que a sociedade conversa em seus distintos círculos e aquilo que se publica nos espaços jornalísticos, em meios impressos, eletrônicos, digitais ou convergentes. McCombs (2009, p. 18) ressalta que

> Os públicos usam estas saliências da mídia para organizar suas próprias agendas e decidirem quais assuntos são os mais importantes. Ao longo do tempo, os tópicos enfatizados nas notícias tornam-se os assuntos considerados os mais importantes pelo público. A agenda da mídia torna-se, em boa medida, a agenda do público. Em outras palavras, os veículos jornalísticos estabelecem a agenda pública. Estabelecer esta ligação com o público, colocando um assunto ou tópico na agenda pública de forma que ele se torna foco da atenção e do pensamento do público – e, possivelmente, ação – é o estágio inicial na formação da opinião pública.

Nesse sentido, a hipótese original de *agenda-setting* dialoga com o pensamento comunicacional e o jornalismo na medida em que recorre a um escopo fenomênico, conceitual e epistemológico caro não apenas ao debate sobre impactos, consequências e efeitos da mídia na sociedade, mas também àquele que se dedica à compreensão do que pauta e estrutura a conversação social inerente à vida pública. Em outros termos, se explorada a capilaridade dos pressupostos da teoria do agendamento, ou daquilo que subjaz em seu bastidor, chega-se a temas perenes de debate em profundidade passíveis de investigação referencial na sociologia (Sennett, 2014; Goffman, 2009; Tarde, 1986; Simmel, 2006), na história cultural (Burke, 1995) e na filosofia (Habermas, 2003a), entre outras áreas, abordagens e autorias.

Das reminiscências conceituais profundas às interlocuções mais próximas à teoria social da qual emerge a hipótese de agendamento, é oportuno citar aqui o apontamento de Gabriel Tarde (1843-1904) em um texto de fins do século XIX sobre as relações entre opinião e conversação, passagem essa que tornou-se referencial, para não dizer obrigatória, aos esforços diversos de rastreamento das origens da ideia de agenda. O autor nota que a maior força que governaram as conversações modernas naquele século foram o livro e o periódico. Conforme Tarde (1986, p. 105, tradução nossa), "Antes do dilúvio desses dois meios [livro e jornal], nada era mais diferente que uma cidade pequena de outra, que um país de outro, que os temas, o tom e o andamento das conversações, nem nada mais monótono, em cada um deles [cidades e países], de um tempo para outro. Na atualidade, ocorre o contrário". Desse contexto decorre a máxima do pensador de que a imprensa unifica e vivifica as conversações, as uniformiza no espaço e as diversifica no tempo. O autor destaca o fenômeno de jornais que, ao circularem, pautam ou agendam os temas da conversação social – processo esse marcado desde então pela homogeneidade e pela heterogeneidade, pela igualdade e pela diferença, por concentração e dispersão da opinião. Ainda de acordo com Tarde (1986, p. 105-106, tradução nossa):

> Todas as manhãs os jornais servem a seu público o tema da conversação para o dia. A cada instante quase se pode estar seguro do tema das conversações entre homens, que se reúnem para falar em uma roda, em um salão de fumantes, o mesmo que em uma sala de espera. Mas o tema da conversação muda todos os dias ou todas as semanas, salvo nos casos, felizmente muito raros, de obsessão nacionalista ou internacionalista a favor de um tema fixo. Esta semelhança crescente das conversações simultâneas em um domínio geográfico cada vez mais vasto, constitui uma das características mais importantes de nossa época, porque explica, em sua maior parte, o crescente poder da opinião contra a tradição e pelo mesmo motivo; e esta dessemelhança crescente das conversações sucessivas nos explica também a mobilidade da opinião, que constitui o contrapeso de seu poder.

Tarde (1986, p. 106, tradução nossa) vê com certo entusiasmo e otimismo essa possível unificação ou aproximação de distintos setores ou tipos de pessoas em torno de uma conversação comum promovida pelos jornais: "a unidade moral da pátria só pode ser verdadeira a partir do dia em que se torne possível uma conversação sustentada entre indivíduos que pertençam às mais distintas classes e profissões".

Uma das potencialidades da imprensa diária seria, assim, essa capacidade de oferecer tópicos para uma conversação entre distintas classes e profissões que compõem a sociedade moderna, o que se constitui em uma proposta de leitura política do social muito próxima da perspectiva da agenda. Curiosamente, essa indicação clássica desdobra-se de modo produtivo em estudos consolidados sobre o papel da TV aberta brasileira em gerar ou ofertar esse repertório em comum necessário para cimentar o vínculo social, como em Ribeiro (2004), Wolton (1996) e Machado (2005) – obras oriundas, respectivamente, da filosofia, da sociologia e da comunicação.

Outra recuperação do ensaio anteriormente citado vem do campo da história. Darnton (2005) reconhece que a teoria de Tarde propõe interpretar a opinião pública como resultante do reforço mútuo da palavra impressa e da fala. O historiador identifica na proposição, ainda, um princípio de circularidade presente na sociedade do século XIX, o que também interessa para buscar os alicerces da teoria da agenda, e observa que "A palavra impressa, primeiro sob a forma de livros e mais tarde como jornal diário, fornecia um 'cardápio' para as conversas, e estas se fundiam para formar julgamentos coletivos que, mais tarde, voltavam à forma impressa, já como expressão dos pontos de vista do público". Darnton, 2005). As conversações sociais retornam, por assim dizer, aos periódicos, estabelecendo um princípio de circularidade, em vez de mera transmissão ou fluxo unidirecional de comunicação. Outro elemento identificado nessa perspectiva e que volta a ser pertinente para o debate da teoria da agenda é a ideia de simultaneidade. Conforme Darnton (2005),

> Quando liam os jornais na Paris do século 19, os leitores tinham consciência de estar recebendo a mesma versão dos mesmos acontecimentos, ao mesmo tempo em que todas as outras pessoas o faziam – não à mesa do café da manhã, porque a entrega de jornais em domicílio só começou muito mais tarde, mas nos cafés e nas tavernas, onde as pessoas liam jornais e discutiam política ao mesmo tempo. Mesmo os leitores isolados participavam dessa empreitada coletiva, porque, ao fazer seu julgamento sobre as notícias – aprovando ou deplorando um discurso, uma manobra militar ou mesmo o tempo –, estavam cientes de estarem reagindo simultaneamente com outros.

As reações mais vigorosamente expressas acabavam fazendo parte do noticiário do dia seguinte, de modo que o processo se autorreforçava. As opiniões se dividiam, os relatos dos jornais divergiam, mas, no fundo, a dialética da leitura e da conversa produzia uma consciência comum, o "esprit public".

Essa circularidade entre palavra escrita e falada influenciada pelo "cardápio" dos jornais teria difícil comprovação no início do século XVIII, segundo Darnton (2005), dada a limitação de acesso a periódicos e a inexistência de jornais diários na França daquele período. Foram os impressos de outro gênero que assumiram essa função de pautar a conversa pública e privada, notadamente livretos de literatura. Ao mesmo tempo, o Estado utilizou a polícia via espionagem para rastrear a agenda do público. O que as pessoas diziam sobre o rei iria parar nos boletins da polícia. Darnton (2005) sintetiza: "Em suma, a polícia produzia uma gazeta própria. Assim, podemos começar a formar um relato dos ruídos públicos captados pela polícia". Tudo isso reforça a existência de interações desde o século XVIII entre um sistema de comunicação oral das cidades e a palavra escrita, fenômeno que estaria nas origens da ideia de opinião pública e no horizonte, poderíamos acrescentar, da teoria da agenda.

Essas conexões sugerem a força heurística da hipótese original e sua potencial longevidade, sobretudo quando as investidas parecem indicar uma íntima relação entre jornalismo e conversação social, aquilo que o escritor brasileiro Machado de Assis (1839-1908) chamava de *movimento*, entendido como "discussão", o que seria um diferencial do jornal em relação ao livro[3]: "A discussão pela imprensa-jornal anima-se e toma fogo pela presteza e reprodução diária desta locomoção intelectual. A discussão pelo livro esfria pela morosidade, e esfriando decai, porque a discussão vive pelo fogo. O panfleto não vale um artigo de fundo" (Machado de Assis, 2011, p. 49). E, por isso, o jornal estaria mais nas condições do espírito humano, conclui Machado, sem deixar de sinalizar para seu papel de expressão e sintoma da democracia, preocupação que será certamente retomada pelo desenvolvimento da teoria da agenda e que já esteve presente em suas inspirações e nos primeiros ensaios.

---

3   Texto publicado originalmente no jornal *Correio Mercantil*, em 10 e 12 de janeiro de 1859.

3.3 Um jornalista analisa a opinião pública

Maxwell McCombs (1938-), professor na Universidade do Texas, nos Estados Unidos, menciona em diversos textos e em entrevistas e palestras recentes a dívida que a teoria do agendamento tem para com o livro *Opinião pública*, lançado em 1922 pelo jornalista estadunidense Walter Lippmann. É do capítulo de abertura – "O mundo exterior e as imagens em nossas mentes" – que deriva a percepção de uma triangulação entre o mundo exterior, a mídia e o mapa mental desse mundo em um contexto de aumento da dependência informativa dos indivíduos em relação aos meios de comunicação de massa para acessar realidades distantes.

Tendo Lippmann participado dos acordos, análises e estratégias de comunicação governamental estadunidenses do fim da Primeira Guerra Mundial, a reflexão do autor mostra-se tensionada por esse cenário de ascensão e queda de lideranças nacionais, daí sua preocupação com o papel proeminente dos símbolos e, mais especificamente, com a mudança na imagem simbólica de nações e líderes no período entreguerras. A preocupação sobre a opinião pública naquele contexto está centrada no fato de que as pessoas dependem de alguma mediação simbólica para compor uma imagem do que sejam nações e líderes que extrapolam em muito seu mundo tangível. Nesse sentido, os símbolos são entendidos por Lippmann (2008, p. 28) como "uma parte importante do maquinário da comunicação humana. Em qualquer sociedade que não esteja completamente voltada a si mesma e seus interesses e nem tão pequena que todos possam saber tudo o que se passa, ideias dizem respeito a eventos que estão fora da vista e do alcance".

Nessa proposta, resta aos sujeitos em grande parte de seu cotidiano experimentar a imagem mental de eventos que não vivenciaram diretamente, isto é, entre os seres humanos e seu ambiente existe um pseudoambiente. É a esse pseudoambiente que o comportamento humano responde; porém, as consequências dessa resposta ou ação se dão no ambiente real dos acontecimentos. Essa asserção coloca em cena a ideia de que o ser humano não reage diretamente ao mundo, mas às ficções e representações do ambiente feitas pelo próprio ser humano, em conexão cada vez mais forte com as tecnologias de comunicação e o jornalismo (Lippmann, 2008).

A triangulação identificada por Lippmann funciona mediante a dependência informativa da sociedade e dos indivíduos, como já visto, somada a outro fator: a percepção da complexidade crescente do mundo em face de uma necessidade de ação. Aí está uma pista para entender a força da agenda midiática ou dessa capacidade do jornalismo de ofertar diariamente um mapa organizado da realidade social, pois, para Lippmann (2008, p. 31),

> o ambiente real é excessivamente grande, por demais complexo, e muito passageiro para se obter conhecimento direto. Não estamos equipados para tratar com tanta sutileza, tanta variedade, tantas modificações e combinações. E embora tenhamos que agir naquele ambiente, temos que reconstruí-lo num modelo mais simples antes de poder manejá-lo. Para atravessar o mundo, as pessoas precisam ter mapas do mundo.

Assim como faria a teoria da agenda cinquenta anos depois, aqui também existe uma clara ênfase naquilo que produz sobretudo a opinião política pública. Esse é o corte preferencial. É para entender melhor o comportamento político e as transformações do corpo político que Lippmann (2008, p. 31) propõe ao analista da opinião pública reconhecer "a relação triangular entre a cena da ação, a imagem humana daquela cena e a resposta humana àquela imagem atuando sobre a cena da ação". De acordo com o autor, tanto os indivíduos eleitores como as figuras em cargos públicos podem ser entendidas como pessoas que atuam em seus ambientes movidas pelo estímulo de seus pseudoambientes, de tal forma que as "ficções determinam uma grande parte do comportamento político dos seres humanos" (Lippmann, 2008, p. 34). Os sujeitos impactados pelas decisões políticas orientam-se por imagens mentais do que sejam os mundos distantes de seu conhecimento e de sua experiência direta, e a regra da política é cada vez mais tomar decisões com base em mundos distantes e que escapam em larga escala à experiência tangível. Ou seja, corpos políticos com diferentes graus de conhecimento sobre o mundo operam decisões com impacto sobre mundos distintos e distantes. Lippmann (2008, p. 36-37) argumenta:

Pense no legislador votando um estatuto que afetaria povos distantes, um estadista chegando a uma decisão. Pense na Conferência da Paz reconstituindo as fronteiras da Europa, num embaixador num país estrangeiro tentando discernir as intenções de seu próprio governo e do governo estrangeiro, num empreendedor tentando uma concessão num país atrasado, num editor exigindo a guerra, num clérigo chamando a polícia para regular a diversão pública, numa agremiação tomando a decisão sobre uma greve, num círculo de costura preparando a regulamentação das escolas, nove juízes decidindo se a legislatura de Oregon pode definir as horas de trabalho das mulheres, num encontro do gabinete para decidir sobre o reconhecimento de um governo, numa convenção partidária escolhendo um candidato e escrevendo uma plataforma, vinte e sete milhões de eleitores votando, num irlandês em Cork pensando num irlandês em Belfast, na Terceira Internacional planejando reconstruir a sociedade humana inteira, no conselho de diretores confrontando uma série de demandas dos empregados, num menino escolhendo uma carreira, num mercador estimando a demanda e a oferta da próxima estação, num especulador prevendo as tendências do mercado, num banqueiro decidindo se cabe investir num novo empreendimento, no publicitário, no leitor de anúncios... Pense nos diferentes tipos de americanos pensando sobre noções como "O Império Britânico" ou "França" ou "México".

Interessa considerar, por fim, que as inspirações da proposta do *agenda-setting* apontam para a percepção de certa dependência da ação humana e política em relação a mediações, representações ou ficções da realidade, ou seja, aquilo que se identificou como imagens em nossa cabeça, o que foi tomado como uma pista que renovou as investigações sobre a opinião pública, sobretudo as pesquisas mais interessadas no papel do jornalismo ou da mídia. Conforme Lippmann (2008, p. 37), "teremos que presumir que o que cada homem faz está baseado não em conhecimento direto e determinado, mas em imagens feitas por ele mesmo ou transmitidas a ele". Por isso, é importante compreender as distintas agendas em circulação e interação (agendas das instituições, do público e da mídia). Hoje, percebe-se que essas agendas estão em correlação, o que reforça a hipótese inicial ou o primeiro nível de agendamento.

Levando-se em conta um mundo intangível na maior parte das vezes e o fato de que a resposta humana à realidade é indireta e inferida, Lippmann (2008, p. 38-40) avança para uma percepção da opinião pública como um conjunto de "fatos indiretos, invisíveis e embaraçosos" e a constatação de que "O mundo que temos que considerar está politicamente fora de nosso alcance, fora de nossa visão e compreensão. Tem que ser explorado, relatado e imaginado". Por isso o ser humano, cada vez com mais recursos e maior capacidade de conhecimento, "cria para si próprio uma imagem credível em sua cabeça do mundo que está além de seu alcance".

3.4 Níveis de agendamento e revisão da teoria

Uma das características do desenvolvimento da hipótese de *agenda-setting* é o gradual desdobramento de níveis de agendamento, por um lado, e a revisão ou releitura conceitual, por outro. Essas duas marcas coexistem no corpo teórico em torno da proposta de agendamento. Assim, revisão conceitual e reconhecimento de níveis de agendamento são movimentos que acompanham a modificação da ideia de agenda. Gradativamente, a noção de que a mídia é eficiente em dizer sobre o que as pessoas devem pensar[4] caminha em direção à conclusão de que o poder da mídia e sobretudo do jornalismo está em dizer às pessoas não apenas o que pensar, mas em sugerir como pensar sobre determinados assuntos (Traquina, 2000).

Mais próximo do primeiro ponto (efeito de primeiro nível) está o estudo de questões, temas ou tópicos que perfazem a ordem do dia (*issues*). Contudo, esses tópicos também comportam e supõem hierarquias e não somente temas, ou seja, a agenda dos *media* sugere o grau de importância com que cada questão deve ser apontada. Dada essa percepção de um ligeiro início de deslocamento tendencial em direção ao segundo ponto do movimento assinalado, surge a proposta de avançar com a noção de

---

4   O professor Bernard Cohen, da Universidade de Princeton, nos Estados Unidos, já notava em 1956, com base no estudo da relação entre imprensa e política externa estadunidense, uma correspondência próxima entre o julgamento de importância feito pela imprensa e os julgamentos dos decisores políticos e de outros observadores (Cohen, 1956, p. 131). Para ele, a imprensa desempenharia um importante papel no processo político, o de criar ou formatar as questões da política externa na mente do público geral, de grupos organizados e de governantes. Além disso, a imprensa ofereceria uma ideia da opinião pública sobre essas questões aos decisores políticos (Cohen, 1956, p. 132).

objetos. Em outros termos, torna-se necessário compreender ou sondar a hipótese de *agenda-setting* levando-se em consideração outras sutilezas e variações presentes na agenda midiática e na agenda pública, como hierarquias e características dos elementos.

Essas características dos objetos na agenda indicam um segundo nível de agendamento: a agenda de atributos. De acordo com Guo, Vu e McCombs (2012, p. 53, tradução nossa), "A correspondência entre a agenda da mídia de atributos para um objeto e a agenda de atributos do público para esse objeto é o segundo nível de efeitos de agendas". Tanto a agenda da cobertura jornalística como a do público comportam atributos que funcionam como microcaracterísticas (idade de uma pessoa, por exemplo), macrocaracterísticas (como o posicionamento ideológico de alguém) ou características de questões públicas, ou *public issues* (por exemplo, aspectos da Guerra do Iraque presentes na cobertura noticiosa e nas conversas das pessoas). Os autores acrescentam que, quando a mídia e o público falam sobre vários objetos, quase sempre mencionam determinados atributos deles (Guo; Vu; McCombs, 2012). Assim como para o primeiro nível de *agenda-setting*, aqui também a frequência com que esses atributos aparecem ou sua regularidade e a ordem de importância são componentes do efeito entre agendas. Dessa forma, o segundo nível de *agenda-setting* identifica a transferência de atributos de questões públicas, figuras políticas e outros objetos da agenda da mídia para a agenda do público.

À medida que a hipótese é revisada, novos aportes teóricos vão sendo incorporados à ideia de agendamento. O primeiro nível, a agenda de objetos, atenta sobretudo para as questões públicas com base no estudo pioneiro de 1968. Já em 1972 se reconhecem restrições ou certa psicologia do agendamento (McCombs, 2017). Em 1976, chega-se às características dos objetos, a agenda de atributos. O próximo passo foi considerar as consequências dessas imagens para agendar atitudes e opiniões.

Na década de 1980, surgiu outra ênfase, bastante sintonizada com os estudos de jornalismo e posteriormente recuperada pela releitura portuguesa da teoria, que é a preocupação com as fontes da agenda da mídia. Em outros termos, trata-se de analisar quem define a agenda da mídia, isto é, como as diversas agendas em circulação e disputa na sociedade pautam a mídia. Isso abre campo para pensar como os movimentos sociais conseguem por vezes dobrar a agenda jornalística e atrair a atenção para suas causas (um exemplo de contra-agendamento), discutindo-se os impactos das assessorias nas redações jornalísticas e, ainda, o impacto das relações entre fontes de informação e jornalistas na configuração do que vai ser noticiado.

> Esses distintos níveis de agendamento não são excludentes e podem até mesmo ser estudados simultaneamente. Um aspecto da agenda não invalida o outro, tanto que ainda é possível encontrar pesquisas mais atentas ao primeiro nível, assim como investigações mais voltadas ao estudo da construção da agenda midiática e outras focadas em recuperar a ideia de atributos. Essas diferentes ênfases demarcam o comportamento desse corpo teórico que passou a consolidar a ideia de agenda nos últimos cinquenta anos.

Outro aspecto a ser considerado como parte de um desenvolvimento mais recente é o que se tem chamado de *terceiro nível de agenda-setting*, com base em um estudo de 2007 das eleições para o governo do Texas. A ênfase agora recai nos elementos agrupados, nas conexões. Trata-se de um agendamento em rede. Esse modelo indica que os meios digitais podem englobar uma série de objetos e atributos e influir de forma simultânea na audiência por meio de um conjunto integrado, e não mais de elementos isolados. A proposta é retomar a ideia central de Lippmann (2008) e responder o que são, afinal, as imagens em nossa mente, tendo em vista que o primeiro nível de agendamento tentava identificar a que se referem essas imagens e o segundo nível buscava mostrar quais são características delas.

Em uma possível ruptura com a lógica formal linear, o terceiro nível sustenta-se em modelos de associação e cognição em rede. Uma pessoa não construiria mais a imagem de um candidato somente utilizando hierarquias estanques de objetos e características ordenadas, pois, conforme Guo, Vu e McCombs (2012, p. 54, tradução nossa), "essa nova abordagem teórica afirma que, para descrever um candidato político, uma pessoa gera uma imagem em forma de rede composta de vários atributos que estão conectados entre si em sua mente". A nova percepção dos autores, condizente também com um novo cenário de mídia, pode-se dizer, é a de que a transferência de saliência entre agendas ocorre de forma discreta e por agrupamento de elementos. Guo, Vu e McCombs (2012, p. 55, tradução nossa) acrescentam: "Nossa nova abordagem, que denominamos modelo de definição de agenda de rede, sugere que a mídia de notícias possa agrupar diferentes objetos e atributos e fazer com que esses conjuntos de elementos sejam destacados na mente do público simultaneamente". O exemplo preferido dos autores é o de que, se as notícias com frequência colocam juntos no mesmo relato a segunda guerra no Iraque e os atentados de 11 de setembro, as audiências tendem a associar esses dois eventos em suas mentes.

> **Para refletir**
>
> Desde fevereiro de 2020, o temário do noticiário brasileiro passou a conviver com a pandemia do novo coronavírus. A cobertura adquiriu maior intensidade a partir de março, com o registro das primeiras mortes decorrentes de covid-19 e com o início da estratégia de isolamento em diferentes estados. As principais emissoras de TV e de rádio, assim como portais de notícia e jornais diários, concentraram as atenções sobre a doença, o que tornou as agendas dos veículos deveras semelhantes, em um processo identificado como *consonância temática*. De modo simultâneo, o público foi confrontado com notícias ligadas à cobertura política da crise em Brasília, envolvendo troca de ministros, disputas entre presidente e governadores, investigações sobre *fake news*, postura presidencial contra as recomendações da Organização Mundial da Saúde (OMS) e atos antidemocráticos, entre outros fatos.
>
> É possível pensar que esses dois grandes eixos temáticos – a saúde e a política em Brasília – coabitaram a agenda jornalística, sugerindo conexões também para a agenda do público. O próprio noticiário deu conta de atentar para elementos do que estaria na ordem do dia da preocupação pública, como queda da popularidade do presidente e ligeira melhora na popularidade de governadores e do ministro da Saúde, por exemplo, via sondagens de opinião ou imagens do "panelaço". Outro fator relevante a ser considerado é a escala global do acontecimento e da interligação da saúde com a política. Ganhou maior repercussão o caso estadunidense, em razão das posturas do então presidente Donald Trump, em geral seguidas de perto pelas decisões de Jair Bolsonaro no Brasil. Um terceiro componente dessa situação é o modo como as fontes da área da saúde tornaram-se mais complexas no período e passaram a dar o tom da cobertura jornalística, ocupando a agenda, por assim dizer, em não poucas disputas com fontes populares e, sobretudo, da política. Quantos níveis de agendamento se fazem presentes em um acontecimento como esse? Pistas podem ser encontradas em estudos clássicos da área de comunicação no Brasil sobre como a saúde, suas instituições, seus profissionais e outros personagens passam a ser discursivizados e midiatizados pela instância jornalística. Duas obras de Antonio Fausto Neto (1999, 1991) voltam-se a esse fenômeno ao analisar a descoberta da Aids no país e o modo como ganhou visibilidade nas páginas de jornais e revistas.

O terceiro nível atenta para o poder de conexão entre agendas e para o processamento de informação pelo indivíduo e pelas redes de memória associativa que permitem, pelas notícias, o armazenamento articulado de novas e velhas informações. Segundo Guo, Vu e McCombs (2012, p. 56-57, tradução nossa),

> Dessa forma, a mídia noticiosa é capaz de construir e reconstruir a rede de memória associativa do público criando novos nós para a rede ou alterando a força das conexões existentes entre diferentes construções. De acordo com as teorizações acima, a hipótese central para o modelo de definição da agenda da rede é que a relevância das inter-relações entre os constructos – ou a rede associativa em relação a um determinado tópico – pode ser transferida da agenda da mídia para a agenda pública.

Em resumo, o modelo em rede de *agenda-setting* sugere que as notícias servem para conectar novas informações a velhas informações na memória de associação em rede já existente nas audiências, além de fortalecer as conexões ao ativar regularmente determinados pares de constructos. O que está em jogo é o poder associativo mobilizado pelas notícias, capaz de fortalecer ou mesmo refazer conexões e propor nós de articulação a respeito de determinado tópico.

3.5 Críticas, reapropriações e continuidades brasileiras

Maia e Agnez (2010, p. 5) encontraram em eventos referenciais de pesquisa em jornalismo no Brasil um total de 34 trabalhos que versam sobre agendamento entre 2005 e 2009. A maior parte (53%) trata de agenda da mídia. Decorre disso que essa tradição de pesquisa no país cada vez mais se soma aos estudos acerca de rotina jornalística, produção de notícias, "newsmaking e seus critérios de noticiabilidade, além de considerar o papel do gatekeeper e até mesmo a espiral do silêncio como reflexo do poder da imprensa em pautar ou calar determinados temas na sociedade" (Maia; Agnez, 2010, p. 5).

> **Para saber mais**
> A perspectiva do *newsmaking* dá ênfase à potencial transformação dos acontecimentos cotidianos em informação noticiosa. Sua atenção está especialmente no emissor, ou seja, naquele que produz a notícia, visto como intermediário entre o acontecimento e sua narratividade. Os estudos focam o relacionamento entre fontes primeiras e jornalistas, bem como as diferentes etapas de produção da informação, como captação da informação, tratamento, edição e distribuição.
>
> No horizonte do *newsmaking* estão, entre outros estudos, as pesquisas sobre o *gatekeeping*. Elaborado pelo psicólogo alemão Kurt Lewin (1890-1947), com publicação no ano de sua morte, trata-se de um estudo que concluiu que, de cada dez notas de telex que chegavam à redação, apenas uma era publicada. Estabeleceu-se, assim, que havia normas profissionais que faziam uma filtragem do que seria publicado. Foi atribuído o nome Mr. Gates à figura do seletor de notícias, em referência àquele que teria o controle dos portões (*gates*, em inglês) pelos quais passariam as informações que são publicadas ou descartadas.
>
> Já a perspectiva da espiral do silêncio foi desenvolvida pela cientista política alemã Elisabeth Noelle-Neumann (1916-2010) em 1972. A pesquisadora chamou a atenção para o poder que a mídia tinha, especialmente a TV, de influenciar o conteúdo do pensamento dos receptores. Noelle-Neumann, ao pesquisar a imagem que o povo alemão tinha de si mesmo e relacioná-la aos conteúdos televisivos da época, notou que a influência da mídia sobre o receptor não seria tênue, como previam estudos anteriores. Ao contrário do que se dizia nas últimas décadas, a mídia não se limitava a interferir nos assuntos acerca dos quais as pessoas pensariam ou opinariam, como afirmava a hipótese da agenda na época, mas influenciaria também naquilo que as pessoas poderiam pensar ou dizer.

O levantamento de Maia e Agnez (2010, p. 7) revela que uma parcela dos artigos aponta para a influência da agenda da mídia sobre a agenda do público. Outra parte das investidas enfoca algo mais próximo de um contra-agendamento, em que fontes e organizações civis e da esfera política conseguem pautar os veículos. Um último extrato aborda as inter-relações entre a agenda da mídia e a da política. A crítica das autoras à apropriação brasileira do agendamento indica limitações de ordem metodológica (dificuldade em adentrar o terreno da recepção e preferência pela análise de conteúdo) e da ordem do acúmulo de conhecimento (visita bibliográfica precária ou viciada e apropriação simplificada do tema).

Em que pese a fragilidade epistemológica apontada, deve-se reconhecer a conexão com o contexto social nacional. É com a evidente participação da esfera midiática sobre a instância política em um cenário de instável democracia que tais vertentes de estudos da agenda ganham presença no campo acadêmico brasileiro. Conforme Maia e Agnez (2010, p. 7),

> O agenda-setting ganhou destaque no Brasil no período em que o país viveu a abertura política e o crescente papel da imprensa nos debates públicos, desde a campanha das "Diretas-Já" até a primeira eleição direta para presidente e seu posterior impeachment. O crescimento do papel da mídia na sociedade contemporânea, especialmente após o processo de abertura política, e a busca constante por reforços que justificassem o "poder da imprensa" podem ser apontados como fatores para a utilização dessa abordagem entre pesquisadores brasileiros.

Entre tantos exemplares do sucesso da apropriação para análise do agendamento da política pelo jornalismo brasileiro, encontra-se um sólido feixe de estudos com base nas pesquisas de Fausto Neto (1995a, 1995b, 2002b), Fausto Neto e Verón (2003), Albuquerque (1993), Gomes (1994) e Rubim (2000), que se desdobram inclusive para a compreensão das implicações sobre outros campos sociais e suas contaminações, como o da saúde, o artístico, o desportivo (Fausto Neto, 1991, 1999, 2002a), o cultural (Gadini, 2009) e o das lutas populares (Berger, 1996).

Para finalizar, cabe complementar esse rápido panorama com um salto para o que se tem efetivamente produzido de teses e dissertações no Brasil em relação ao agendamento na grande área das ciências sociais aplicadas. O catálogo de teses e dissertações da Coordenação de Aperfeiçoamento de Pessoal de Nível Superior (Capes)[5] relaciona 36 resultados para o termo *agendamento* nos últimos cinco anos, de 2015 a 2019, o que representa uma média de mais de 7 pesquisas por ano próximas ao tema. Essas investigações concentram-se em grande parte na área de conhecimento da comunicação, com registros pontuais também em comunicação visual, jornalismo, editoração e ciência da informação.

---

5   Disponível em: <https://catalogodeteses.capes.gov.br/catalogo-teses/#!/>. Acesso em: 30 nov. 2020.

Nesse escopo, encontram-se 4 teses, 27 dissertações acadêmicas e outras 5 resultantes de mestrados profissionais.

A maior parte dos estudos contemporâneos brasileiros sobre agendamento, considerando-se esse recorte dos últimos cinco anos de teses e dissertações, dedica-se ao telejornalismo (com 7 referências como tema principal da pesquisa) e às interfaces entre mídia e política (6 menções diretas). Em menor número, mas ainda assim de forma significativa e um tanto regular, as investigações voltam-se ao jornalismo cultural, ao agendamento do esporte, do meio ambiente e de movimentos de cidadania (todas as frentes com 3 indicações). No mais, foram encontradas pesquisas envolvendo agendamento nas seguintes temáticas: narrativa jornalística, violência contra a mulher, acesso informacional, agricultura, mídia e educação, suicídio, conflito Israel-Palestina, polícia e empreendedorismo.

Podemos perceber que a referida relação de estudos recentes se utiliza da ideia de agenda para chegar à compreensão de diferentes processos e fenômenos do jornalismo – um terço dos estudos vai apontar *agendamento* como termo forte já no título da dissertação ou tese. Não há referência nos títulos desses estudos ao tipo específico de agendamento (níveis, por exemplo), de modo que ainda se trata de menção geral – salvo duas pesquisas que se voltam de modo explícito a processos de interagendamento. Marques (2018) investiga o agendamento intermidiático do tráfico de pessoas na novela *Salve Jorge*, da Rede Globo. Anjos (2015), por sua vez, dedica-se ao jornalismo regional praticado por duas emissoras de TV e investiga o agendamento e o interagendamento temático no processo de produção jornalística no telejornalismo regional.

Outro termo definidor ou delimitador recorrente da ideia de agendamento e que aparece em 7 pesquisas no leque de 36 estudos é *enquadramento*. Não raro, acopla-se um termo ao outro, como expressões teórico-metodológicas complementares ou, talvez, siamesas. Pessoa (2016) propõe-se a analisar a imagem pública, o agendamento e o enquadramento do Congresso Nacional nos editoriais dos jornais *O Estado de S. Paulo* e *Folha de S.Paulo*. A tese de Ferreira (2018), por sua vez, busca examinar o papel do factual nos processos de agendamento e de enquadramento no telejornalismo. Também por essa angulação do enquadramento, as investigações de Prates (2017) e Ferreira (2017) voltam-se à cobertura jornalística do processo de *impeachment* da ex-presidente Dilma Rousseff.

O tema de 7 pesquisas dos últimos cinco anos no país dialoga com a ideia de contra-agendamento, com abordagem de fenômenos como conteúdos colaborativos no jornalismo, seleção de fontes, jornalismo cidadão e tensionamentos de movimentos sociais e do terceiro setor sobre a agenda jornalística. Uma parte dos estudos desse quadro (5 menções como termo forte no título da dissertação ou tese) enfoca o agendamento por meio da análise de coberturas específicas. Como campo de estudos em desenvolvimento que é, as pesquisas de agendamento também expressam, por fim, uma constelação de fenômenos visitados pontualmente tendo como base a ideia de agenda, como os de narrativa jornalística, rede, discurso, papel dos jornalistas, informação, fontes de informação, rotinas produtivas, reportagem, noticiabilidade, tematização, visibilidade, relevância temática, notícia e tratamento. São "lugares" para os quais o corpo teórico parece estar se movendo em sua apropriação brasileira pelos estudos do jornalismo.

Síntese

Neste capítulo, vimos que a teoria do agendamento foi desenvolvida há cerca de quarenta anos e pode ser considerada ainda em atividade, por continuar gerando resultados interpretativos distintos e uma enorme gama de estudos que se valem de suas proposições para compreender diferentes fenômenos do jornalismo.

Desde a primeira pesquisa, realizada com base nas eleições presidenciais estadunidenses de 1968, diversas publicações empregam a teoria com diferentes focos de estudo, utilizando-se de experimentações, revisões bibliográficas, debates, problematizações e pesquisas de campo.

A busca pelo entendimento da participação da mídia na formação da opinião pública, bem como a transferência de preocupações entre as agendas existentes na sociedade levaram a teoria do agendamento a apresentar certa regularidade de estudos. Os diferentes níveis que são estudados no *agenda-setting* permitem desdobrar a função de agendamento em processos que podem ser investigados de maneira separada, mas não excludente.

> Boa parte dos estudos de agendamento focaliza questões relacionadas à política, porém, com o decorrer dos anos e a ampliação do escopo de trabalho dessa teoria, novas agendas passaram a ser analisadas, observando-se a atuação do jornalismo na criação das imagens que formamos em nossa mente acerca dos fatos que ocorrem pelo mundo.

Atividades de autoavaliação

1. A ideia que deu origem aos estudos de agendamento baseia-se na hipótese de que existe uma correlação entre a saliência de assuntos na mídia e a proeminência de certos temas na agenda do público. Sobre isso, indique a afirmativa correta:
   a) A teoria do agendamento explica que a mídia determina totalmente quais assuntos serão discutidos na esfera pública.
   b) Aposta-se que haveria um grau de correspondência entre a agenda do público e a da mídia.
   c) A teoria do agendamento deve ser utilizada somente para compreender a atuação da mídia nas questões políticas tratadas nos jornais.
   d) Os primeiros estudos de agendamento previam que a agenda do público influencia a agenda da mídia.
   e) Desde seu princípio, a teoria do agendamento é considerada definida e com poucas possibilidades de problematização.

2. Sobre a relação da teoria do agendamento com a ideia de pseudoambiente proposta por Lippmann em 1922, indique a afirmativa correta:
   a) As relações com o mundo exterior, a mídia e o mapa mental desse mundo, em decorrência da necessidade de os indivíduos se informarem, não afetam suas ações.
   b) Como não é possível acessar a realidade como um todo, resta aos sujeitos experimentar a imagem mental de eventos que não vivenciaram diretamente.

c) As pessoas não dependem de alguma mediação simbólica para compor uma imagem do que sejam nações e líderes que extrapolam em muito seu mundo tangível, pois conseguem acessar toda a realidade.

d) O pseudoambiente é o conjunto de imagens que formamos em nossa mente e que não afetam nossas ações em sociedade, por ser fictício.

e) O ser humano não reage às representações do ambiente feitas pelo próprio ser humano, mas reage às tecnologias de comunicação e ao jornalismo.

3. Com o desenvolvimento dos estudos de agendamento, foram identificados três diferentes níveis em relação às fases do processo, as quais estão relacionadas às etapas de produção e distribuição da notícia. Sobre os níveis do agendamento, indique a afirmativa correta:

a) O segundo nível de agendamento leva em consideração a hierarquia dos temas que devem ser tratados pela mídia.

b) O primeiro nível de agendamento trata de como os temas são abordados pela mídia e quais atributos são salientados por ela.

c) O segundo nível de agendamento identifica a transferência de atributos de questões públicas, figuras políticas e outros objetos da agenda da mídia para a agenda do público.

d) O terceiro nível de agendamento diz respeito à transferência de saliências da agenda do público e das fontes para a agenda da mídia.

e) Os níveis de agendamento devem ser estudados sempre de forma individual, pois assim podem contribuir para identificar a transferência de preocupações de maneira mais eficiente.

4. Indique a afirmação correta acerca das diferentes revisões da teoria do agendamento ao longo de sua história:

a) Parte-se de uma percepção do poder indireto do jornalismo sobre a agenda pública e caminha-se, cada vez mais, para a noção de poder absoluto da mídia sobre a agenda pública.

b) A ideia inicial de que a mídia determina sobre o que as pessoas devem pensar é complementada pela noção de que existe também um poder do jornalismo em sugerir como pensar sobre determinados tópicos.

c) A teoria do agendamento nasce dentro da área do jornalismo e gradativamente se desloca para outras áreas do conhecimento.

d) O cenário de mídias digitais invalida hoje as hipóteses originais sobre a opinião pública formuladas na década de 1970.

e) No Brasil, os estudos de agendamento reproduzem a metodologia original das investigações estadunidenses das décadas de 1970 e 1980.

5. Indique a alternativa que apresenta correntes teóricas, áreas do conhecimento ou abordagens que antecederam e estimularam a hipótese de *agenda-setting* dos estudos de comunicação e jornalismo:
   a) Estudos culturais, estudos de recepção e antropologia cultural.
   b) Filosofia política, psicologia e ciência política.
   c) Construcionismo, *newsmaking* e psicologia.
   d) Sociologia, etnografia e ciência política.
   e) Filosofia, história e teoria do espelho.

Atividades de aprendizagem

Questões para reflexão

1. Quais são as principais diferenças entre o primeiro e o segundo nível de agendamento?

2. De acordo com Walter Lippmann, por que os seres humanos teriam a necessidade de se informar pelos meios midiáticos?

Atividade aplicada: prática

1. Uma das potencialidades da imprensa é fornecer tópicos que serão discutidos em sociedade, bem como atribuir características e relações a esses assuntos. A teoria do agendamento busca articular as instâncias da produção e da recepção, considerando os efeitos de longo prazo da mídia na sociedade. Converse com um estudante ou profissional da área de jornalismo ou comunicação sobre como essa teoria pode contribuir para a compreensão dos fenômenos jornalísticos e suas modificações no cenário atual de produção de informação jornalística.

Desenvolvimento das mídias

Gabriel Bozza

Neste capítulo, vamos analisar a evolução histórica da mídia no mundo e no Brasil, suas características e a influência dos estudos de comunicação. Examinaremos os avanços de suportes midiáticos e as mudanças provocadas na forma de pensar a mídia. Também vamos analisar as novas formas de consumo midiático, buscando promover uma reflexão a respeito dessas possibilidades, bem como discutir os desafios dos profissionais de mídia em face dos avanços tecnológicos e dos novos padrões de produção de conteúdos.

4.1 Mídia: história, características e teorias da comunicação

Primeiramente, é preciso destacar que a história da mídia é centenária. Em 2020, completamos cem anos desde que o termo *mídia* foi inserido no dicionário britânico *Oxford* em 1920 (Briggs; Burke, 2004, p. 13). Além disso, a nova ecologia midiática é estabelecida na dicotomia entre o novo (dinâmico, interativo, hipermidiático e hipertextual) e o antigo (estático, pouco interativo, unoplataforma e carente de recursos de navegabilidade). Todas essas expressões dizem respeito à mídia, que se refere ao conjunto de meios de comunicação, plataformas, imprensa e veículos jornalísticos.

Ao longo da história da humanidade, a sociedade presenciou o avanço da mídia e diferentes marcos, entre eles as formas de impressão, a escrita, a evolução do alfabeto e a oralidade (fala). Entretanto, esse caminho é bastante amplo e envolve canais, formas, meios, técnicas, estruturas e práticas infindáveis e dissonantes no discurso de especialistas. Não é nosso objetivo analisar as fases de transição da história da comunicação, por ser datada da Antiguidade.

A partir de 1920, a mídia foi incorporada às análises sobre *mass media* feitas nos Estados Unidos, sob a influência dos estudos da Mass Comunication Research. O termo *mídia* é empregado, por exemplo, nos estudos da Escola de Chicago, na linha do interacionismo simbólico, para medir a influência, o uso e o consumo dos meios de comunicação de massa no comportamento eleitoral, na propaganda, no voto e na interpretação de metodologias robustas criadas para a observância de problemas sociais.

A época descrita coincide com o surgimento de dois importantes meios de comunicação nos Estados Unidos: o rádio, em 1920, e a TV, em 1930. Os estudos da Escola de Chicago foram desenvolvidos paralelamente ao surgimento dos campos sociológico, político e psicológico. Mais tarde, novos estudos foram publicados, a exemplo daqueles preocupados com os efeitos da mídia, como o modelo de Lasswell (teoria hipodérmica), que analisa a relação das causas e efeitos de uma mensagem entre o emissor e o consumidor, isto é, como ele recebe e interpreta os conteúdos.

Posteriormente, os estudos da Escola de Frankfurt, ou teoria trítica, não estavam mais preocupados tanto com conceitos e efeitos, mas com as críticas ao modo como eram feitas as análises dos processos sociais e construídos os principados comunicacionais. A indústria cultural surgiu como crítica ao conteúdo padronizado. Mais tarde, os estudos do *agenda-setting*, sobre o agendamento da mídia, foram implementados na busca por entender os efeitos dos conteúdos e das mensagens dos meios de comunicação. Na literatura atual sobre a mídia, percebemos uma mudança de paradigmas. Passa-se dos estudos concentrados nas mensagens, no consumo, no uso e nos efeitos para as análises de sentidos e significados suscitados pelas mensagens.

O período de início da Escola de Chicago coincide com a consolidação dos meios de comunicação, principalmente a radiodifusão, na Europa e nos Estados Unidos. O rádio trouxe o prestígio social, por ser um meio dinâmico, simpático e imediato de transmissão de informações ao público. A cultura do ouvir das famílias estabelecia uma relação de cumplicidade, sendo o rádio um amigo próximo, capaz de provocar ódio e paixão. A audiência interessava-se por programas de música clássica, ópera, radionovela, entretenimento e auditório.

A primeira rádio comercial conhecida é a Rádio KDKA, criada na Pensilvânia, nos Estados Unidos, em 1920. Nesse período, a NBC, a CBS e a BBC consolidaram a audiência e receberam o *status* de potências radiofônicas. A industrialização trouxe benefícios de lazer e ajudou no aumento dos lucros. Um exemplo disso são os aparelhos de rádio produzidos em larga escala na década de 1930 e que restringiam a captação de conteúdos de outros países, o que era fundamental no período entreguerras.

Durante as guerras, as estações de rádio da Europa foram controladas pelos nazistas. Apenas em 1940, por exemplo, a BBC conseguiu lançar novas produções (Briggs; Burke, 2004, p. 223). Havia a transmissão de repúdio de locutores ao redor do mundo quanto à presença de países na guerra, como os Estados Unidos, que no início se mantiveram neutros em relação ao cenário sociopolítico instável.

As produções mundiais na radiodifusão sonora levavam entretenimento à população. Havia grandes repórteres do rádio, como Ed Murrow (1908-1965), e programas consolidados no rádio transmitidos por estrelas como Orson Welles (1915-1985), famoso pelo episódio que narra a suposta chegada de marcianos à Terra e que levou medo à população (Briggs; Burke, 2004, p. 220).

> No fim da Segunda Guerra Mundial, a TV ainda não havia caído no gosto do público consumidor de conteúdos do rádio e do cinema. Contudo, com o passar do tempo, diversos grupos sociais foram seduzidos pelos programas de TV, e não apenas os grupos com alto rendimento, como previsto inicialmente pelo setor empresarial e político. Em cinco anos, de 1947 a 1952, conforme apontam Briggs e Burke (2004), a produção de aparelhos de TV cresceu de 178 mil para 15 milhões. Mais de um terço da população estadunidense dispunha de um aparelho.

A concorrência com o cinema era observável e pressões aconteceram por parte das principais empresas do setor, a exemplo da Twentieth Century Fox e da Warner Brothers. Hollywood e a Broadway também exerceram pressão, porém sem sucesso. Na TV, aos poucos surgiram as grandes redes e emissoras afiliadas. Muitos profissionais migraram do rádio e do cinema para a telinha. A TV, então, difundia-se pelo mundo após o sucesso presenciado nos Estados Unidos e na Grã-Bretanha.

4.2 Das mídias tradicionais às mídias digitais no Brasil: as mudanças em progresso

Nesta seção, trataremos do caminho de transição da mídia desde os nativos digitais até o tempo áureo dos meios de comunicação impressos. Durante longos anos, desde o século XVIII, as mídias impressas foram facilitadoras do debate público, canais de informação central da sociedade e centralizadoras das críticas políticas para o fortalecimento da opinião pública. Aos poucos, o combate às mídias começou a ser feito diante dos interesses econômicos e políticos por trás de suas publicações. Os interesses políticos, assim, sobrepuseram-se aos interesses públicos.

Informação, educação, garantia da cidadania e fiscalização do poder público, princípios basilares do jornalismo, passaram a ser negligenciados pelos meios de comunicação impressos sob o controle de grupos empresariais econômicos com fins de visibilidade política e comercial. O primeiro jornal editado e impresso no Brasil data de 10 de setembro de 1808. É a *Gazeta do Rio de Janeiro* (Figura 4.1). Ele esteve ativo até 1821 e marca o início da imprensa no Brasil em pleno período imperial.

Figura 4.1 – Primeira edição da *Gazeta do Rio de Janeiro* (1808)

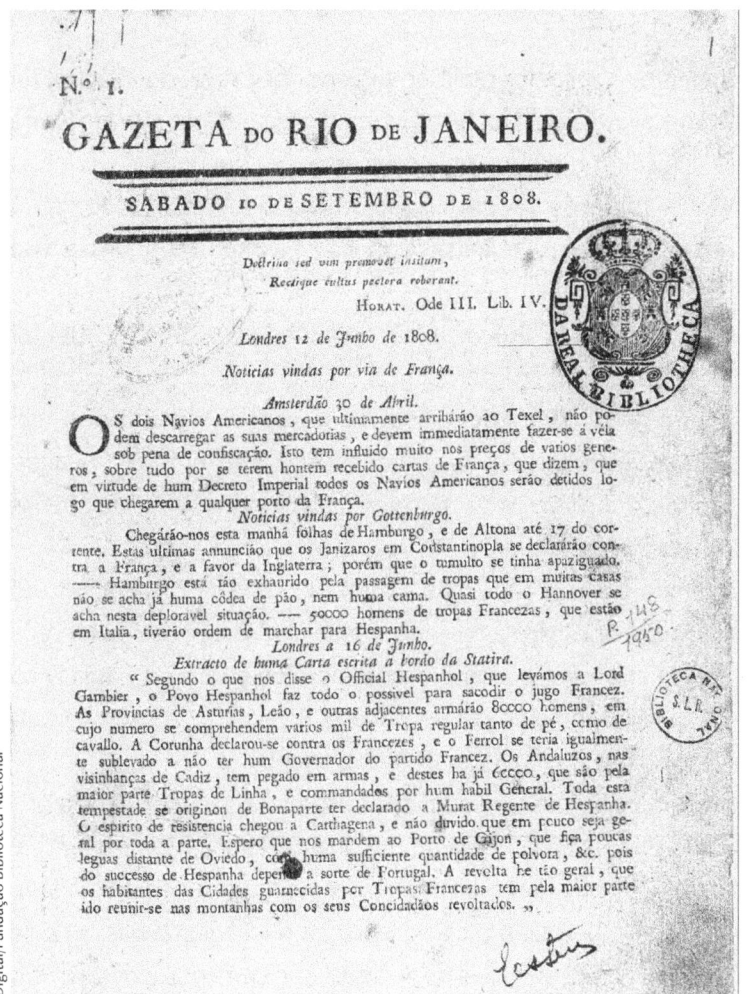

BNDigital/Fundação Biblioteca Nacional

Alguns jornais e revistas marcaram a trajetória do jornalismo brasileiro, como *Diário do Rio de Janeiro*, *Jornal do Commercio*, *O Estado de S. Paulo* e *Jornal do Brasil*. Os jornais *O Globo* e *Folha de S.Paulo* surgiram em 1925, antes da Revolução de 1930. As revistas *Illustrada*, *Fon Fon* e *O Cruzeiro* também fizeram história.

Em 1895, com o padre gaúcho Roberto Landell de Moura (1861-1928), aconteceu a primeira transmissão da palavra falada no Brasil. No mesmo ano, o inventor do código Morse, o físico italiano Guglielmo Marconi (1874-1937), também realizou as primeiras transmissões sem fio, ao descobrir como funcionava uma antena, e recebeu a patente pela invenção do rádio. Porém, a primeira transmissão oficial no Brasil foi em 1922, quando o então presidente Epitácio

105

Pessoa (1865-1942) proferiu um discurso em comemoração ao Centenário da Independência no pavilhão da Exposição Internacional do Rio de Janeiro. A estação foi instalada no Corcovado e encantou a multidão.

A radiodifusão sonora evoluiu rapidamente. A primeira rádio no interior foi a Rádio Pelotense, no Rio de Grande do Sul. Outros estados começavam a ganhar força, como Paraná, Minas Gerais, Santa Catarina, Ceará e Bahia. Na era de ouro do rádio brasileiro, a partir de 1930, a concorrência entre as emissoras aumentou. A busca por novos públicos levou à consolidação de grandes emissoras da época, como a Rádio Nacional, que foi criada em 1936 e tornou-se a mais conhecida e importante dessa fase da radiodifusão no Brasil.

A primeira transmissão de TV no Brasil ocorreu em 18 de setembro de 1950, quando a TV Tupi foi inaugurada pelo jornalista, escritor, advogado, empresário e político brasileiro Assis Chateaubriand (1892-1968). Diversos artistas da era de ouro do rádio brasileiro migraram para a TV, seduzidos pelo encanto da imagem. A primeira novela em cores no Brasil só veio anos mais tarde, em 1973, quando *O Bem-Amado* foi transmitida pela TV Globo. Já a primeira TV por assinatura no Brasil surgiu apenas em 1990. Atualmente, a emissora mais antiga em atividade é a TV Record, criada em 1953.

Agora, vamos avançar um pouco no tempo e voltar a atenção para os 24 anos de ciberjornalismo brasileiro. O *Jornal do Brasil* foi o primeiro jornal brasileiro a ter uma versão *on-line*. Ele entrou na rede em 1995. O jornal *O Globo* e a *Agência Estado* entraram posteriormente na rede com suas páginas na internet, assim como as revistas *IstoÉ* e *Exame*. A primeira *web* TV foi a UOL TV, criada em 1997. Um ano depois, surgiu a Totem, a primeira *web* rádio (Ferrari, 2004; Barbosa, 2016).

Atualmente, observamos a configuração de cibermeios dinâmicos, responsivos e dedicados a preparar conteúdos atrativos e com narrativas diferenciadas para um público cada vez mais exigente e com interesses específicos. Assim, surgiram as mídias especializadas em temas como sustentabilidade, meio ambiente, mercado *pet*, saúde, bem-estar e beleza. A partir de 1980, a mídia digital passou pela informatização das estruturas redacionais e, em *sites* e agências de notícias, isso começou a ocorrer em 1995. A integração das redações impressas e digitais deu-se a partir de 2005, com inovação em larga escala e aumento dos índices de audiência e assinaturas (Bozza, 2018).

Hoje, os grandes grupos de mídia no Brasil ainda são controlados por políticos ou grupos religiosos. Por outro lado, a sociedade, a cada dia mais informatizada, revela a repartição de audiências e negligencia a atenção em mídias antes hegemônicas. De toda forma, os grandes grupos econômicos e dos setores de infotelecomunicação ainda dominam a gestão de mídias nos mais diversos modelos de negócios. A busca por uma sociedade aberta e a democratização dos meios de comunicação são colocadas em evidência no mercado mundial. A justiça social é posta em debate para (des)considerar a produção midiática, e o que acontece na aldeia global é replicado por todos os sensibilizados pela solução de problemas sociais.

4.3 Do analógico ao digital: avanços midiáticos

Ao longo da história, o ser humano se superou em sua capacidade de criação e inovação. Telefonia, telégrafo, radiotelegrafia, câmeras fotográficas, cinema, TV, rádio, computadores, satélites, cabos de fibra óptica, internet, mídias sociais e realidade virtual foram avanços tecnológicos que estabeleceram, como suportes midiáticos, processos de transmissão variados, reinventaram a lógica de produção de conteúdo e deram origem a modelos de negócio rentáveis.

Os modelos de negócio são alterados pelo fluxo de comunicação mediado por dispositivos móveis, pela lógica neocapitalista, pelas formas de engajamento do leitor-ouvinte-telespectador resultantes das transformações sociais e pelo fenômeno de hibridização de mídias. As formas de produção, circulação e distribuição são modificadas com o avanço da história das mídias. Modelos são desconstruídos e reconfigurados, passando a receber nova atenção de profissionais, especialistas e pesquisadores diante do avanço de suportes de mídia e do modo de consumo midiático e de gestão dos processos e produtos pelos profissionais da mídia, conforme veremos neste capítulo.

A partir dos anos 2000, com a massificação do uso da internet no Brasil, a mídia foi adaptada e evoluiu com características, estruturas e formatos novos. O tempo (síncrono e assíncrono) e o espaço (compartilhado e não compartilhado) ganharam novas configurações graças ao arcabouço proporcionado pelas novas mídias, as mídias externas as mídias tradicionais (Dizard, 2000). As mídias sociais, os dispositivos móveis e as tecnologias emergentes, como a robótica, a inteligência artificial e o grande uso de banco de dados, reconfiguraram o campo midiático brasileiro e mundial.

Um exemplo de mídia que passou por sensíveis mudanças é a TV, que adaptou seus processos e evoluiu com os suportes midiáticos. Podemos relembrar a passividade do telespectador no início da radiodifusão televisiva, sem estímulo e interatividade, quando o apelo era pela sedução da imagem. A transmissão de telenovelas e programas jornalísticos conferia aos veículos autoridade de discurso. As pessoas sentavam-se no sofá em frente à TV para assistir ao programa desejado no horário em que estava sendo transmitido.

Aos poucos, a plataforma precisou adaptar sua forma de transmissão e surgiu a TV de envolvimento. Agora, os consumidores acessam as informações no tempo em que desejam. Dos videocassetes antigos e DVDs transitamos para as TVs por assinatura, que disponibilizam recursos otimizados para garantir a gravação do programa desejado e permitem pausar, reprisar ou reiniciar o programa em andamento. Assistimos à TV no YouTube e podemos, em fração de segundos, buscar o conteúdo que perdemos. Por meio de um simples clique, é possível comprar o filme predileto ou acessar determinada série ou filme em serviços de *streaming* como Netflix, Amazon Prime ou Google Play Filmes. O usuário é o controle remoto.

Em 2018, a Netflix inovou em sua plataforma ao permitir ao assinante escolher o fim desejado para o filme *Black Mirror: Bandersnatch*, possibilitando ao telespectador escolher um de cinco finais possíveis para o personagem principal da trama e, assim, definir a trajetória que ele vai tomar. Além disso, durante o filme, pode-se tomar as decisões pelo personagem. O primeiro *frame* refere-se à escolha do cereal a ser ingerido (Figura 4.2). É uma experiência imersiva ao *Black Mirror*, série com várias temporadas. De certa forma, podemos fazer uma analogia com o programa de TV *Você Decide*, da Rede Globo, na década de 1990, que permitia ao telespectador ligar para números telefônicos disponibilizados pela emissora e escolher o fim ideal da história.

Figura 4.2 – Filme que permite decidir situações na vida do personagem

Black Mirror: Bandersnatch. 2018. Netflix.

Quando o assunto é a evolução do áudio e, consequentemente, do rádio, uma imagem que nos vem à memória é a de senhores sentados nas arquibancadas de estádios com seus radinhos de pilha junto ao ouvido. O hábito ainda persiste, mas mudamos para os celulares inteligentes que conferem qualidade digital à transmissão do jogo, a capacidade de assistir ao *replay* do lance sequencialmente a um lance polêmico visto no estádio. O *walkman*, sucesso da Sony, foi um acessório indispensável na década de 1990. Era a moda do momento como tocador de áudio portátil.

Hoje, usamos um iPod, da Apple, para armazenar os álbuns dos artistas. Não precisamos mais de fita cassete ou vinil, ainda que exista um movimento de reconsumo por parte dos apreciadores desses suportes. Compramos com um clique, por valores ínfimos. Não precisamos ir até a loja para escolher o DVD de um artista, chegar em casa, sentar no sofá e dar o *play* em nosso aparelho de som para concluir que apenas algumas faixas do álbum são boas.

Nós estamos no controle do suporte midiático sem sair de casa. Otimizamos as compras virtuais, usamos uma série de *gadgets* e rastreamos por aplicativos no *smartphone* qual música está sendo executada no rádio de nosso carro ou de casa e de qual artista é. Ainda temos o Echo Dot, *smart speaker* da Amazon, uma caixa de som inteligente controlada por voz.

Fazemos *tours* virtuais por museus em época de pandemia de coronavírus para garantir o distanciamento social. Não mantemos espaços cativos. Somos seres ubíquos e podemos estar em todos os locais ao mesmo tempo. Outro exemplo de sucesso é o Airbnb. Podemos locar uma hospedagem utilizando um aplicativo instalado no celular. O modelo de locação de imóvel para cadastrados mudou o sistema da indústria hoteleira. Locamos na hora que quisermos um local que atenda aos interesses de momento para nossa viagem, garantindo conforto e comodidade.

As *over the tops* (OTTs), plataformas de distribuição de conteúdos pela internet, mudaram a forma de consumo de mídia. Seja por meio de *lives*, seja por meio de *videos on demand*, elas permitem gerir plataformas e criar vídeos. Podemos criar, por exemplo, nossa *web* TV. Recentemente, surgiram as *web* rádios, que migraram do suporte analógico para o digital. A internet funciona como suporte para a TV e o rádio e promove a transmissão de conteúdos de forma facilitada para que as pessoas os consumam em seus *smartphones*.

Os *streamings* facilitaram o acesso aos conteúdos em áudio e vídeo em plataformas intuitivas e dinâmicas. *Podcasts* e *videocasts* são produzidos e estão disponíveis para audição e *download* rapidamente em *sites*, portais de notícias e outros canais de informação, atendendo a um público que muda a forma de consumo de informação.

4.4 Novas formas de consumo midiático

O consumo midiático também é alterado pela forma como sentimos, experimentamos, analisamos e transmitimos os conteúdos no dia a dia. Provavelmente, você deve ter hábitos distintos de consumo de mídia, sejam eles convergentes, isto é, no mesmo momento, sejam eles concernentes à utilização da segunda tela. A convergência, segundo Jenkins (2008, p. 29), está relacionada ao fluxo de conteúdos por meio de "múltiplas plataformas de mídia, à cooperação entre múltiplos mercados midiáticos e ao comportamento migratório dos públicos dos meios de comunicação". O autor ressalta que essa convergência acontece na mente das pessoas que estabelecem conexões com base nos elementos midiáticos. As pessoas não se conhecem, mas dividem referências similares, recriam mensagens midiáticas, tornam-se produtoras e compartilham ideias entre vários meios de comunicação em diferentes plataformas (Martino, 2015).

Vejamos, então, as diferenças entre convergência midiática e uso da segunda tela. Esses hábitos estão cada vez mais presentes nos dias atuais. Em sua casa, os familiares ou amigos podem estar conversando, jogando um *game* em um console tradicional, no avançado Nintendo Switch, ou virtualmente um Star Trek, por exemplo, utilizando os óculos de realidade virtual imersivo Oculus Rift (Figura 4.3).

Figura 4.3 – Oculus Rift, que permite aos *gamers* uma experiência imersiva

UfaBizPhoto/Shutterstock

Hoje, podemos assistir à TV e, ao mesmo tempo, ouvir nossa *playlist* em canais de *streaming* de áudio, como Spotify ou Deezer, ou por *download* em *smartphones*. Podemos acessar, mediante pesquisa em *sites* de busca, um tutorial que possa nos ajudar em uma atividade de rotina em casa, nos estudos, no trabalho ou em momentos de lazer. O ato de executar diversas tarefas por meio da utilização de suportes de mídia distintos é denominado *convergência de mídias*.

Quanto ao uso da segunda tela, trata-se de um fenômeno muito frequente em nossa casa e nos momentos de lazer. Suponha que você esteja acompanhando a estreia de uma série televisiva com capítulos inéditos ou assistindo a um programa de *reality show* acompanhado de uma parcela significativa de telespectadores em canal aberto ou fechado. Simultaneamente, ou seja, em tempo real, você comenta suas impressões sobre esses programas em suas mídias digitais. A troca de ideias, opiniões e informações ocorre em momentos síncronos ou assíncronos em uma tela diferente daquela a que você assiste.

Dessa forma, configura-se a conexão entre uma tela de mídia tradicional ou de massa – a TV – e uma tela de mídia social, uma nova mídia. Pode ser, ainda, um serviço digital transposto para outro serviço também digital, como uma série da Netflix comentada na mídia social Twitter. Esses fenômenos correspondem ao uso da segunda tela, que, para Bozza (2018, p. 212), "é o ato de assimilação e o produto de conteúdos acessados". De acordo com o autor, os usuários usufruem das mensagens transmitidas e recirculam nos sistemas de filtragem de cibermeios, isto é, veículos de comunicação digitais. Compartilham *links*, representam vozes e desconstroem os limites de autoridade jornalística e editorial.

O uso midiático do novo consumidor de informação, composto de um público jovem, pressupõe uma conexão e uma desconexão rápidas, o desejo de participar instantaneamente dos conteúdos, ser o mediador do saber e construir arquiteturas de informação destoantes dos *media* tradicionais. A nova ecologia midiática implica o uso das redes informático-computacionais para acesso, consumo, transformação e produção de significados pelos jovens usuários. Eles são cada vez mais abertos ao *transmedia storytelling*, uma forma de contar histórias que transcende diferentes mídias, na qual um conteúdo aceito é expandido, com potencial para viralizar na rede.

Esse é o público que passa a desconsiderar o trabalho dos *prosumers* de informação das redações tradicionais, controlar o fluxo de informações por meio da rede e consumir de maneira rápida, menos densa e condizente com padrões sociodemográficos, comportamentais e psicológicos similares a seus desejos. A mídia, mesmo com os estudos divulgados, parece não conseguir prever esse cenário de transformação nem entender os desejos e gostos em transformação.

Um estudo recente intitulado *20ª pesquisa global de entretenimento e mídia Brasil, 2019-2023*, divulgado pela PwC Brasil (2020), revela dados comparativos do consumo e da publicidade em 53 países. A pesquisa mostra que existe um novo consumidor em transformação. Estima-se que, em 2023, haverá 167 milhões de assinantes de telefonia móvel no país, sendo 93% de usuários por meio de *smartphones*. A previsão é que o gasto de consumo de telefonia móvel em 2020 será de R$ 886 bilhões. Em 2023, esse montante deve chegar a R$ 952 bilhões, segundo o estudo. Um mercado cativo em evolução é o dos *games* e *e-Sports*, que deve crescer até 2023 e ter um aumento de R$ 404 milhões em jogos casuais ou sociais por *app* de 2018 a 2023. Em OTT, deve haver um crescimento de gastos ainda mais significativo, de 16% ao ano.

Ainda de acordo com a pesquisa, por outro lado, o consumidor deve investir menos em compra de revistas e jornais, ampliando seu consumo, ainda modesto, de livros, porém adquiridos pela internet, apesar da preferência dos leitores de livros pelo impresso. A indústria do serviço de *streaming* de áudio também aparece em ebulição e deve ter 69% dos consumidores até 2023, em comparação com mídia física, bilheteria, materiais com direitos autorais, *ringtones*, sincronização e *downloads*, que devem diminuir ainda mais.

A indústria do cinema também sofre os reflexos da releitura de *comics* e da reinterpretação de finais de produções fílmicas ou seriados nas redes de vídeos YouTube ou Vimeo. Por um lado, isso é positivo, pois gera participação e engajamento. É o crescimento da OTT. Os usuários, dispondo de recursos avançados, são capazes de recriar o final de filmes e reinserir legendas ou interpretações de sentido para as produções. Finais épicos de *Caverna do Dragão* e *Lost*, por exemplo, foram recriados.

> O desejo de (re)criar é inerente à nova geração de consumidores de mídia. É a cultura da mídia-mix, com usuários jovens produzindo novas mídias e reconfigurando as práticas culturais, sociais e tecnológicas na perspectiva da convergência. A aparência dos *games* é muito similar à de filmes, seriados, espaços compartilhados de reuniões e *webinars*. As criações misturam-se nessa lógica de produção.

Nesse contexto, a TV a cabo está sendo substituída aos poucos pelos serviços de *streaming* de vídeos. A Netflix, por exemplo, tem mais assinantes do que todas as TVs pagas juntas. Assim, a TV por assinatura precisou se adaptar para garantir a manutenção de sua fatia de mercado e passou a oferecer recursos de interação imediata entre quem está no controle e aquilo que é transmitido. O modelo de negócio de videolocadora esgotou-se e as bancas de jornais e revistarias perderam sentido na venda de meios impressos. Logo, o novo consumo é mediado pelos canais tecnológicos e pelo clique nas multitelas. A tactibilidade passou a ser um diferencial e um estímulo ao consumidor.

Esse novo consumidor do século XXI mostra sinais de envolvimento de audiência diferente do que se observava nas gerações anteriores. Ele desapega rápido. Hoje, estamos vivendo uma transição desse modelo de desapego. Por exemplo, muitos pré-adolescentes e adolescentes estão reconhecendo a rede social TikTok, que permite criar vídeos animados, como uma possibilidade real de se descolar da imagem de seus pais, que ainda estão imersos no Facebook e explorando o hibridismo de mídias permitido pelo aplicativo Instagram.

Segundo pesquisa do Latinobarómetro (2020), em 2018, as redes sociais e os aplicativos mais utilizados pelos brasileiros eram WhatsApp, Facebook, YouTube e Instagram. O Twitter corre atrás, mas ainda cativa consumidores pelo rápido fluxo de informações por 280 caracteres. Como os usuários consomem e interagem por meio imagens, o uso dos *emojis* e *emoticons* pode ser um fator de estímulo das demais redes em comparação ao Twitter, exceto a rede social de vídeo YouTube. A viralização de *memes* também é parte recorrente da produção de conteúdos dos usuários, o que faz alusão à convergência midiática.

O consumo por multiplataformas midiáticas introduz um arcabouço de novas características e estratégias *transmedia* diferenciadas. Cada vez mais, busca-se gerar lucros e engajamento, influenciar novos padrões de acesso à informação e criar, por meio da websemântica, uma experiência única ao usuário mais exigente.

Criam-se conteúdos em 360° graus nos grandes *sites* e portais de notícias, e os veículos de comunicação fazem pequenas transmissões ao vivo no IGTV do aplicativo Instagram ou compartilham pequenos *stories* de até 15 segundos, atraindo a atenção de seu público em emissoras de rádio, TV e jornais impressos e digitais. As *lives* são ainda recursos frequentes no Instagram, no YouTube e em outras mídias sociais.

Com podemos perceber, os fenômenos de convergência multimídia, segunda tela e mídia-mix contribuíram para a evolução das mídias. A convergência está associada ao fluxo de conteúdos por meio de múltiplas plataformas de mídia, à cooperação entre diversos mercados midiáticos e ao comportamento migratório dos públicos dos meios de comunicação. A segunda tela demonstra como as pessoas estão conectadas em duas ou mais telas simultaneamente. A cultura da mídia-mix é a do recriar, com usuários jovens produzindo novas mídias e reconfigurando as práticas culturais, sociais e tecnológicas na lógica da convergência. Todos esses processos influenciaram o modo como as mídias evoluíram e absorveram demandas a partir das mudanças de preferência dos públicos com a websemântica, a conectividade desse público em várias telas e o gosto por recriar.

4.5 De produtores a espectadores: os profissionais da mídia

Os profissionais da mídia precisaram reorientar suas convicções e práticas convencionais e adaptá-las a um sistema novo, caracterizado pela convergência de plataformas e mídias hibridizadas, a fim de proporcionar construções multimídia outrora inimagináveis. Muitos usuários comuns estão construindo plataformas e ampliando o segmento de consumo das OTTs. Nesse contexto, a criatividade e a capacidade de resolver problemas complexos são fundamentais. Esses elementos devem ser mesclados às competências e habilidades dos profissionais que atuam na mídia e em outras profissões.

Bozza (2018) destaca, com base nas contribuições de Calvo (2010), que o trabalho atual dos profissionais de mídia transmuta para o meio *on-line*, sem a necessidade de redação presencial. Além disso, as pessoas começaram a produzir para redes sociais digitais e dispositivos móveis, mudando a lógica de consumo de plataformas de veiculação de conteúdos. Os rearranjos produtivos coletivos ainda geraram produções cooperadas e sistemas de atuação por *freelancers*.

Entender as dores do mundo não é uma tarefa simples. As características variadas de uma sociedade em efervescência, diante de desigualdades crescentes, colocam em evidência os medos e receios dos consumidores de informação. Atualmente, a figura do cidadão jornalista e do *gatewatching* ganham força, ou seja, a sociedade participa ativamente do fluxo, do controle e da definição do conteúdo encaminhado pelos jornalistas. É o fazer conteúdo alheio com as próprias mãos. Somos uma geração dos desconfortados e descontentes com a ação de governantes e da sociedade, missão árdua a ser explorada pelo jornalista no dia a dia de suas rotinas produtivas.

> **Para refletir**
> A CNN Brasil, emissora de TV de canais fechados que estreou em 2020, apresenta-se como um canal orientado por questionamentos e pedidos dos telespectadores em sua base de programação. Trata-se de uma tentativa forçosa em determinados momentos, por reproduzir um modelo de produto envelhecido e reconhecido na mídia tradicional; por outro lado, é saudável, na medida em que o jornalismo televisivo busca a reinvenção e inovar na gestão de seus produtos.

Os canais fechados também se renderam à indústria dos *games*. Os *e-Sports* passaram a ser objeto de audiência massiva na TV fechada. O público dos *gamers*, apreciador de tutoriais e novidades em canais no YouTube, agora encontra competições ao vivo nos meios de massa. Ocorre, assim, a redenção da mídia tradicional aos novos *media*. Os jogos são espaços de convivência e articulam experiências dos usuários, que constroem avatares e estabelecem regras, configurando-se espaços de ludismo para os jogadores. Um *storytelling* bem desenvolvido leva a uma imersão profunda com o auxílio tecnológico. As narrativas hoje ganham em interesse e complexidade, havendo filmes contados ou reelaborados por *games* (Martino, 2015, p. 153-154).

Os relatos anteriores revelam que os padrões da ecologia midiática televisiva definidos ao longo dos anos precisaram ser reorientados e mesmo modificados. Observamos alguns indicativos na estrutura de estúdios, como a queda de bancadas, a interação simultânea com *displays* em estúdio, novos gráficos interativos e padrões visuais explicativos a respeito dos fenômenos expostos.

Pedidos de telespectadores são levados em consideração na produção de conteúdo e em entradas ao vivo de repórteres nas praças locais diante dos desafios proporcionados pela pós-TV, principalmente com os serviços de *streaming*. Em não raras vezes, podemos notar a influência do telespectador assinante no direcionamento da estrutura dos programas, jornalísticos ou não. Como sabemos, as emissoras privadas são orientadas, também, por uma linha editorial fixada, composta de demarcações claras de condução política e de suas convicções empresariais, as quais são definidas pela lógica financeira estabelecida pelo setor comercial.

Cada vez mais os profissionais precisaram readequar sua postura diante dos desafios impostos pelo crescimento da digitalização das práticas jornalísticas. As redações físicas de jornais impressos com versão digital, no início dos anos 2000, aumentaram a quantidade de profissionais em suas redações. Uma vez voltados ao conteúdo *on-line*, em decorrência do crescimento significativo do consumo digital por dispositivos móveis, principalmente *smartphones*, seguidos de *tablets* em menor quantidade, a mídia impressa e digital precisou de novos profissionais que pudessem assumir os postos de atividade.

As novas redações concentram profissionais com perfil diversificado, em uma comunicação integrada que inclui webdesenvolvedores, *designers* gráficos, *social media* e curadores digitais, entre outros que possam auxiliar no desenvolvimento dos processos de produção e gerar conteúdos relevantes para dispositivos móveis. A animação computacional passou a ser outro recurso utilizado nas redações físicas e digitais.

Entretanto, desde 2005, observamos com mais contundência um processo de convergência de mídias e integração de redações. Isso é consequência da mudança de perfil de leitores e audiências em novos meios, em que o objetivo a ser atingido é a presença e o fortalecimento da marca. A integração de redações gera um redirecionamento das funções dos profissionais dessa esfera, antes concentrados nas mídias impressas para os meios digitais.

Agora, os profissionais produzem para as duas plataformas em virtude da redução do número de exemplares impressos em circulação e do fim da impressão de veículos tradicionais, como a *Gazeta do Povo*, no estado do Paraná. Essa mudança resultou em um crescimento de demissões nas redações sustentadas no discurso empresarial do jornalista multiplataforma e foi responsável pela diminuição de gastos com profissionais da plataforma impressa.

Outro desafio imposto aos profissionais é que a informação agora é transversal e cruza as fronteiras dos principais provedores, *sites* e portais de notícias brasileiros renomados, com a possibilidade de mídias alternativas produzirem conteúdos com qualidade e relevância. Os novos canais de informação ganham adeptos e, por meio de conteúdo poroso, a exemplo dos meios tradicionais, conseguem angariar fundos para sua sustentação e atrair investimentos de patrocinadores.

No entanto, um aspecto negativo desse fenômeno é que produtores não habituais, como cidadãos jornalistas e usuários únicos, sem cuidados com critérios de apuração, checagem e divulgação dos materiais, produzem conteúdos que viralizam. Proliferam as *fake news* e as *deep fakes* em larga escala, o que provoca desinformação e problemas de legitimidade do discurso de meios tradicionais, que precisam gastar tempo desmentindo boatos e inverdades publicadas.

Síntese

Neste capítulo, vimos que não restam dúvidas de que a mídia e a tecnologia desempenham um papel central na constituição da sociedade. Elas instruem, educam e formam pessoas, ditam novos ritmos para a vida social, despertam a atenção para os fenômenos sociais e introduzem questionamentos para a tomada de decisões e o bem-estar social. Os novos suportes e as ferramentas tecnológicas contribuem para a busca pelo conhecimento e a superação de fronteiras de acesso ao conhecimento que outrora os meios físicos permitiam parcialmente.

Hoje, a interação é imediata, como mostramos ao tratar dos avanços históricos da mídia e das mudanças decorrentes da introdução de novas tecnologias em nossa vida. Os processos e os produtos são modificados por pessoas que antes eram consumidoras de informação e hoje são produtoras de sentido com a convergência multimídia. As formas de consumo de conteúdo são alteradas e sustentadas em uma imensidão de plataformas e dispositivos que reinventaram os profissionais da mídia. No entanto, a revolução provocada pela tecnologia, ao permitir o acesso aos conteúdos de maneira facilitada, também criou fluxos ampliados de informação que exigem filtragem e postura crítica da parte do consumidor.

Atividades de autoavaliação

1. A história da mídia está conectada aos meios de comunicação e aos estudos de comunicação mundiais. Indique qual das afirmativas a seguir está correta no que se refere à história da mídia no Brasil e no mundo:

    a) A Escola de Chicago não coincide com a consolidação dos meios de comunicação nos Estados Unidos e na Europa. A primeira rádio comercial é a Rádio KDKA, criada em 1920.

b) Os estudos de mídia sempre negligenciaram o papel dos meios de comunicação para a formação de uma sociedade justa. A Escola de Frankfurt, por exemplo, criticou a TV como meio de comunicação criado após as duas grandes guerras mundiais.

c) A primeira transmissão de TV no Brasil aconteceu em 18 de setembro de 1950, quando foi inaugurada a TV Tupi por Assis Chateaubriand. Diversos artistas da era de ouro do rádio brasileiro não migraram para a TV.

d) Os grandes grupos de mídia no Brasil são pouco controlados por políticos ou grupos religiosos.

e) Nos 24 anos de ciberjornalismo brasileiro, podemos destacar o *Jornal do Brasil*, primeiro jornal brasileiro a ter uma versão *on-line* em 1995, e, ainda, o jornal *O Globo*, a *Agência Estado* e as revistas *IstoÉ* e *Exame*, que tiveram suas versões *on-line* posteriormente ao *Jornal do Brasil*.

2. O consumo midiático abrangeu o uso de diversos instrumentos tecnológicos capazes de modificar a lógica de produção, gerar efeitos diferenciados e expandir a capacidade de divulgação dos conteúdos. Indique a alternativa que apresenta exemplos de dispositivos midiáticos:

   a) Videocassetes, DVDs, serviços de *streaming*, fliperama, jogos de tabuleiro e jornais impressos.
   b) TV, rádio, computadores, satélites, realidade virtual e inteligência artificial.
   c) Internet das coisas, fliperama, jogos de tabuleiro e painéis solares.
   d) Telefonia, telégrafo, câmeras fotográficas, cinema, internet das coisas e fliperama.
   e) Mídias sociais, dispositivos móveis, robótica, jogos de tabuleiro e painéis solares.

3. As novas formas de consumo trouxeram avanços sensíveis para a sociedade e mudaram o modo de consumo, circulação e recirculação dos conteúdos, assim como a forma de experimentação da realidade. Indique a alternativa que apresenta exemplos de novos meios de consumo observados nos últimos cinco anos:

   a) Nintendo Switche, Ringtones e Oculus Rift.
   b) E-Sports, telefone sem fio, *walkman* e OTTs.
   c) YouTube, Netflix, Amazon Prime e Google Play Filmes.

d) Spotify, Ringtones, Joystick e Deezer.
   e) Ringtones, bichinho virtual e telefone sem fio.

4. Indique a afirmação correta acerca do *transmedia storytelling*:
   a) Segundo Jenkins, corresponde às múltiplas plataformas de mídia, à cooperação entre múltiplos mercados midiáticos e ao comportamento migratório dos públicos dos meios de comunicação.
   b) Trata-se de um novo consumo mediado pelos canais tecnológicos e pelo clique nas multitelas.
   c) É o ato de assimilação e o produto de conteúdos acessados.
   d) É uma forma de contar histórias que transcende diferentes mídias, na qual um conteúdo aceito é expandido, com potencial para viralizar na rede.
   e) São as mídias externas às mídias tradicionais.

5. Os profissionais da mídia precisam adaptar sua forma de estrutura, planejamento e execução de acordo com o avanço da tecnologia. Com base nisso, indique a alternativa verdadeira a respeito da evolução dos profissionais da mídia:
   a) Uma das grandes mudanças dos profissionais da mídia é que nas emissoras privadas eles não são orientados por uma linha editorial fixada, composta de demarcações claras de condução política e de suas convicções empresariais. Eles são livres para desenvolver suas atividades.
   b) O profissional observa atualmente que a informação é horizontal e não cruza as fronteiras dos principais provedores, *sites* e portais de notícias brasileiros renomados.
   c) As redações não foram modificadas em virtude de novos profissionais da mídia. As novas redações concentram profissionais com perfil diversificado, em uma comunicação integrada que inclui webdesenvolvedores, *designers* gráficos, *social media* e curadores digitais. Porém, eles não trabalham de forma integrada.

d) O profissional agora produz para várias plataformas. Essa mudança resultou em um crescimento de demissões nas redações sustentadas no discurso empresarial do jornalista multiplataforma e foi responsável pela diminuição de gastos com profissionais da plataforma impressa.

e) Com as mudanças nas rotinas produtivas dos profissionais da mídia, o papel do cidadão jornalista e do *gatewatching* perde força.

Atividades de aprendizagem

Questões para reflexão

1. Os padrões de consumo dos cidadãos brasileiros foram alterados nos últimos anos. Descreva exemplos de como essa alteração pode ser percebida, considerando a influência da mídia em nosso cotidiano.

2. As mídias digitais mudaram a forma como lidamos com as informações e damos significado ao sentido das mensagens. Ao mesmo tempo que concordamos com algumas delas, podemos contestar outras e questionar os meios de comunicação. Reflita sobre como os profissionais da mídia podem se adaptar a esse novo momento.

Atividade aplicada: prática

1. A mudança de consumo do analógico para o digital provocou profundas transformações na forma como consumimos e produzimos conteúdos. A horizontalidade da informação foi transposta para o consumo vertical, expandido e multidirecional. Levando isso em consideração, converse com um estudante ou profissional da área de jornalismo ou comunicação e reflita sobre o quanto a informação digital mudou sua forma de consumo de mídia e os efeitos gerados em suas opiniões para construir novos conhecimentos e contrapor-se a visões anteriores.

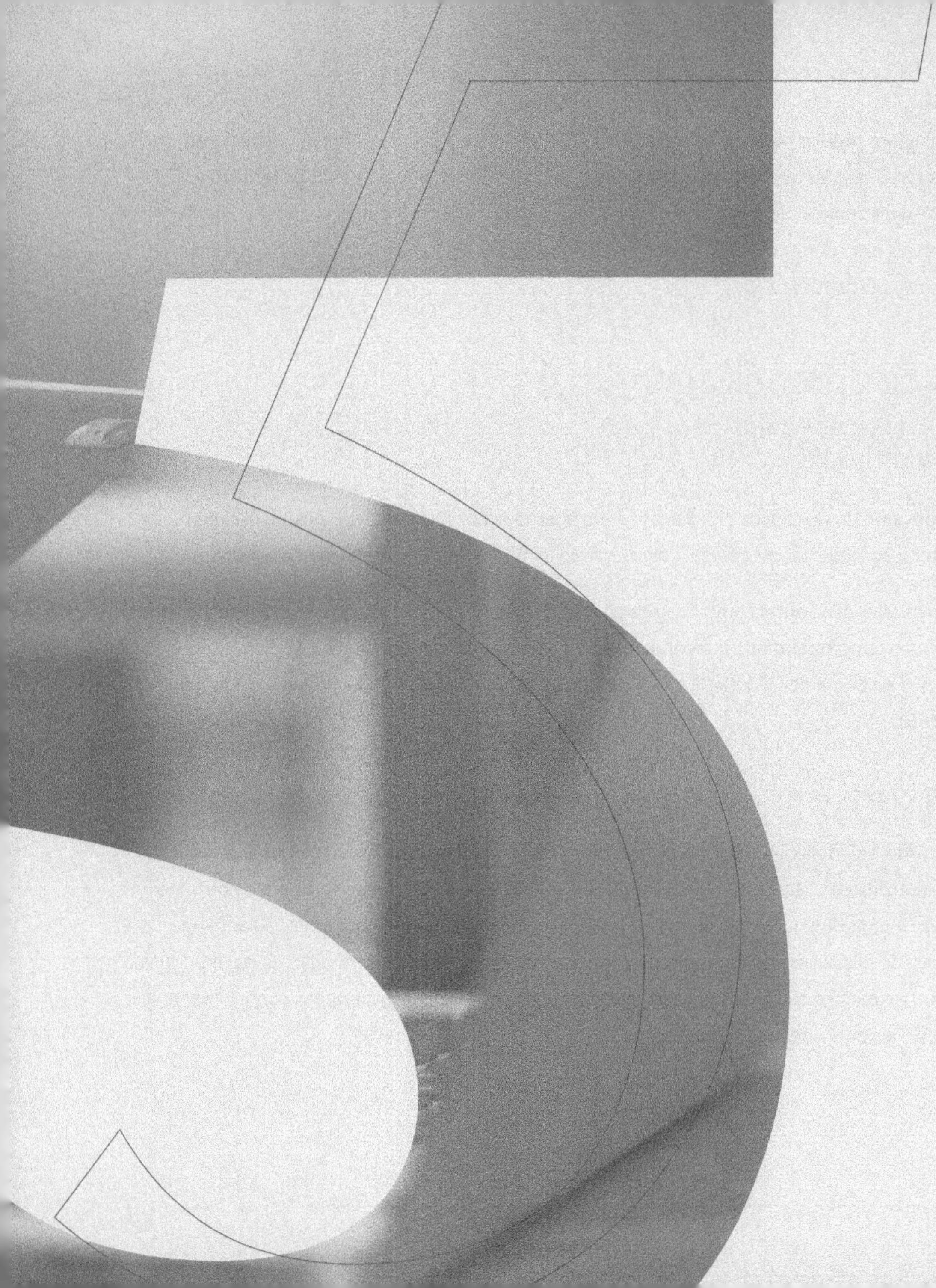
5

Sistemas e modelos de comunicação

Alexsandro Teixeira Ribeiro

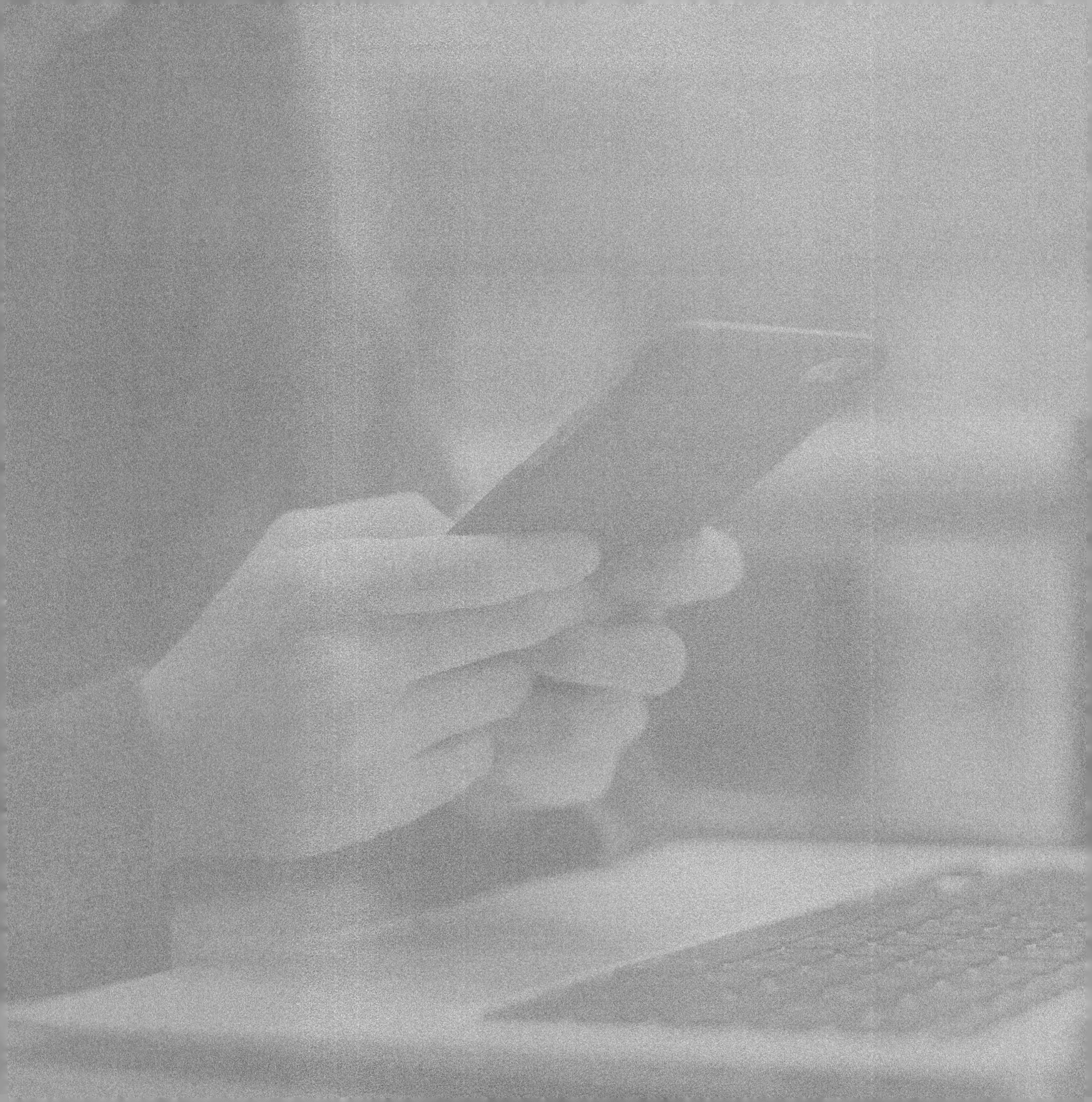

Neste capítulo, vamos analisar a dimensão da comunicação de massa na sociedade, o papel da comunicação na mediação da realidade e o funcionamento dos modelos de comunicação, bem como examinar a diferença entre direito à informação e legislação de acesso à informação. Por fim, vamos tratar da distinção entre as figuras de consumidor e público no âmbito do tema da informação.

5.1 A comunicação na sociedade

Tecnologia e sociedade são duas dimensões fundamentais para a existência dos meios de comunicação de massa. A comunicação mediada tecnologicamente e como processo de integração social com foco massivo é algo relativamente novo, que vem se consolidando principalmente após as revoluções industriais. Com o advento de tecnologias de impressão, sobretudo a prensa de Gutenberg, criou-se um cenário propício para o desenvolvimento de uma das estruturas mais importantes da sociedade: a imprensa.

O barateamento do papel, insumo fundamental para a produção de jornais, e a melhoria nos sistemas de impressão, no século XIX, permitiram que os periódicos ganhassem espaço como ferramenta de integração social. Foi nessa época que os estudos sobre os efeitos da comunicação e da sociedade de massa começaram a ser realizados e passaram a analisar o papel desse fenômeno. O impacto da imprensa foi profundo e modificou não apenas a forma de trocar informações, mas sobretudo as formas de agrupamentos sociais, da noção de tempo e espaço, com a perda da vinculação da informação à oralidade e à necessidade do compartilhamento do espaço.

Assim, o quadro mundial foi afetado pela introdução dos meios massivos e da mídia impressa. Desse modo, as "informações, antes estreitamente vinculadas ao contato direto e à linguagem oral quase sempre predominante, dispõem a partir de então de novos suportes que preservam e disseminam" (Costa, 2005, p. 280). Há uma relação dupla de interferência, em que a tecnologia interfere no meio e este reflete na tecnologia. Ora, não se trata de recair em um determinismo tecnológico, no qual a humanidade é afetada sem qualquer forma de resistência aos avanços da técnica.

Não existe uma tecnologia que se propague sem que haja uma adesão e uma significação social. Mesmo a prensa de Gutenberg foi resultado dessa lógica e surgiu em um momento específico na história da humanidade, ainda que em países asiáticos já houvesse registro, dezenas e centenas de anos antes, de máquinas de impressão com tipos móveis e do uso do papel em escala como meio de comunicação. Assim, o meio desempenha um papel importante, isto é, o de cenário que dá significado à máquina. No caso da imprensa, são os conglomerados urbanos que se consolidam com a migração das pessoas do campo para a cidade, requisitadas pelas fábricas como um novo grupo de trabalhadores: os operários.

A imprensa é, em parte, resultado da necessidade social de informação e da tecnologia de impressão. Tais elementos ajudaram a definir o público ou a massa de pessoas que consumiriam esse novo produto. A partir da invenção da prensa manual de Gutenberg, foram estabelecidas as novas tecnologias a vapor, que impulsionaram o aumento da reprodução dos meios impressos. O avanço social também criou as necessidades sociais de informação, que subsidiaram o atual significado de *meio* – o de elemento mediador em relação à realidade na sociedade contemporânea. Assim, estabeleceu-se um mercado cuja demanda acarretou a multiplicação de novos meios e jornais (Messagi Júnior, 2018, p. 20). Enquanto nas comunidades feudais os indivíduos se orientavam por meio da observação direta dos principais fatos ou, ainda, balizados pelas lideranças comunitárias, como as religiosas, nas cidades complexas se perdeu essa capacidade de se deparar com a realidade sem a mediação. Esse é o cerne das teorias da comunicação e das pesquisas que deram início ao campo de estudos que busca entender a influência dos meios na sociedade. Ou seja, no contexto da consolidação das cidades, até então fenômeno desconhecido da humanidade, a preocupação era com o impacto que os meios poderiam ter na sociedade. Essa preocupação esteve presente nas pesquisas em comunicação desde o início das abordagens, no começo do século XX, até a década de 1960.

Os primeiros paradigmas foram idealizados considerando-se uma sociedade altamente influenciável, com indivíduos sem capacidade de resistência ao poder dos meios. As teorias sobre o poder totalitário dos meios de comunicação criavam um cenário de medo de que as massas pudessem se rebelar nas cidades (Messagi Júnior, 2018), bem como a necessidade de identificar o poder dos meios e a forma de apropriação dessa ferramenta para dominar as classes.

Isso, contudo, tornou-se inviável com o passar do tempo, sobretudo quando se percebeu que o público não era único e que a sociedade não era uma massa altamente manipulável, e sim formada por uma série de indivíduos que se relacionam tendo como base grupos sociais, com lideranças que desempenham a função de influenciar as decisões. Assim, não basta publicar em um jornal e aguardar o efeito como se fosse mágico. É inegável que a realidade é construída a partir de mediações e com forte participação dos meios de comunicação, mas esses efeitos são difusos e, muitas vezes, encontram na rede digital e em outros locais de discurso espaços de disputa de poder perante o público.

Os diversos paradigmas formulados para analisar a comunicação nesse período tinham como foco o entendimento dos meios com base no público e a análise de como as mensagens atuavam para a conversão ou a reafirmação de sentidos. O objetivo era entender o papel central dos meios de comunicação de massa nas cidades, como um elemento que cria sentidos e medeia a realidade nos grupos sociais.

Para exercer a cidadania no âmbito de grandes centros urbanos, a imprensa tornou-se uma das principais ferramentas de criação da unidade, de veiculação da informação e de revitalização da esfera pública (Habermas, 2003b). Nesse momento, estabeleceu-se a ideia de informação como bem público, ao mesmo tempo que ela assumia um caráter de bem de consumo, como elemento a ser utilizado para ter uma vantagem de negócio, atuar na interação social ou produzir entretenimento. A modernidade, então, criou um ambiente favorável para o contexto social em que a tecnologia focada em comunicação pudesse ser reconhecida como instituição social.

Na atualidade, a comunicação e a tecnologia têm sido cada vez mais relevantes para o acesso à informação e a socialização. Novamente, longe de recair em um determinismo tecnológico, reconhecemos que os meios e suas formas de entendimento social são fundamentais para criar um ambiente de conexão em um universo de oferta quase infinita de informação. Neste momento, instituições como o jornalismo tornam-se norteadoras e filtros que qualificam conteúdos importantes para serem consumidos pela sociedade.

5.2 Sistema de comunicação e mediação da realidade

De um ato focado na intersubjetividade e na relação de indivíduo com indivíduo, a comunicação, mediada tecnologicamente, passou a ser entendida no contexto da sociedade de massa como orientada por modelos que seguem de um para vários, ou seja, que buscam atingir uma gama significativa da sociedade.

Quando falamos em *comunicação de massa*, portanto, estamos nos referindo às tecnologias da comunicação e, sobretudo, aos sistemas de comunicação, que podem ser categorizados por organização e formato, como imprensa, redes de comunicação, rádio, TV e revistas (Canela, 2007). Podem também ser orientados por tipo de administração, como sistemas públicos, privados e estatais, ou, ainda, por tipo de tecnologia, como analógico e digital. Ao destacarmos os sistemas de comunicação, não estamos contemplando apenas um campo de estudo, como jornalismo ou publicidade e propaganda, mas todas as funções sociais e profissionais estabelecidas no âmbito dos sistemas.

A contemporaneidade como sociedade mediada tecnologicamente é resultado de um processo de avanço da mídia e de sua capacidade de criar conexões e significados. Esses sistemas são decorrentes, assim, dos aprimoramentos da sociedade industrial e consolidaram-se no século XX. Quando o assunto é a imprensa e os meios impressos, como a revista, o histórico é mais antigo no Brasil e no mundo. É no seio do Iluminismo que vemos a imprensa se consolidar e ganhar contornos próximos aos de hoje, ao menos em termos de valores referentes ao interesse público e como política máxima para as decisões sobre o que é ou não notícia.

> A alfabetização, a urbanização e a transição do domínio político e econômico do berço do reinado para as estruturas liberalistas com a burguesia e a consolidação dos Estados foram elementos propícios para o surgimento de uma imprensa múltipla e que atua na esfera pública (Sousa, 2008). Nesses espaços públicos de participação dos indivíduos na cidadania, provenientes do cenário da Revolução Francesa, a imprensa desempenhou uma função importante como arena de debate.

Conforme Sousa (2008, p. 89), "a imprensa tornou-se, assim, a primeira grande instância mediadora na configuração do espaço público moderno, um espaço público mais imaterial e simbólico". No entanto, foi no século XIX que a imprensa encontrou sua maioridade institucional e assumiu uma postura comercial, ou seja, começou a colocar em debate a ideia de leitor cidadão e a conceber a ideia de um leitor consumidor de notícias. Isso porque, com a formação do Estado moderno, com a transferência do debate público para espaços especializados e com a terceirização da participação do indivíduo na esfera pública para os ambientes eleitorais, os jornais, como revitalizadores da esfera pública, perderam um pouco o protagonismo e encontraram no mercado uma indústria da informação.

Isso não significa que o jornal tenha perdido sua função de cão de guarda da sociedade, como um agente que fiscaliza o poder público. Porém, ao mesmo tempo que assumiu uma função de defesa da sociedade no meio político, encontrou na lógica do interesse do público outra vertente de atuação, de um jornalismo popular alimentado pelo baixo custo dos jornais com assuntos de variedades, no contexto da chamada geração *penny press*.

No Brasil, a imprensa nasceu sob a tutela e a censura do reinado, com a Imprensa Régia, em 1808. Os conteúdos eram submetidos ao crivo de uma comissão que avaliava o que era deveria ser levado à impressão (Bahia, 1990). Os dois jornais que surgiram nessa época em solo nacional foram o *Correio Braziliense*, em junho de 1808, e a *Gazeta do Rio de Janeiro*, em setembro do mesmo ano. Em 1824, com a primeira Constituição imperial brasileira, criou-se um dispositivo legal que estabeleceu a liberdade de imprensa. Contudo, esse direito não ficou irrestrito e foi cerceado ao longo de edições posteriores do documento.

Essa postura também vigorou durante o Segundo Reinado e não foi muito diferente na República, com a imprensa sendo alvo de atos de repressão durante o Governo Provisório ou ainda em momentos do século XX. Ao longo da Era Vargas e, sobretudo, nos anos de chumbo, no período da ditadura civil-militar no Brasil, a imprensa alternativa brasileira desempenhou um papel fundamental de resistência, denunciando torturas, mortes e desrespeito aos direitos humanos. Com a redemocratização, a imprensa encontrou na Constituição Cidadã uma de suas principais cartas de apoio para atuação na sociedade, mesmo que parte do que é preconizado no documento ainda careça de decretos e regulamentações para tornar efetivas as medidas (Bahia, 1990). Todavia, ela assume um protagonismo com força social ora para orientar e defender a sociedade, ora para interferir no jogo político e em decisões nacionais.

> **Para saber mais**
> No Brasil e no mundo, primeiro o rádio e depois a TV, ambos no século XX, consolidaram-se a partir do uso das sondas eletromagnéticas como forma de transmissão de informação. No início do século, o rádio começou a ser explorado como meio de comunicação de massa e atingiu seu auge, ou o que chamamos de *era de ouro*, na década de 1920, nos Estados Unidos e na Europa, com a criação de emissoras e a massificação dos aparelhos.

> Como instrumento de informação, mas também de persuasão, o rádio foi muito utilizado pelos dois lados nas duas grandes guerras mundiais (Javorski, 2017). No Brasil, foi na década de 1920 que o futuro do rádio começou a ser traçado, com a primeira transmissão feita durante um evento promovido pelo governo de Epitácio Pessoa (1865-1942) na então capital do país, o Rio de Janeiro.
>
> Apesar de ser um evento isolado, esse foi o ponto de partida para que uma das principais referências do meio no Brasil, o médico, professor, escritor, antropólogo e etnólogo Edgard Roquette-Pinto (1884-1954), se tornasse um entusiasta do meio de comunicação e responsável pela primeira rádio no país, além de ter conquistado a primeira legislação que permitiu a exploração do meio para fins culturais e educativos. A emissora, a Rádio Sociedade do Rio de Janeiro, fundada por Roquette-Pinto e pelo engenheiro naturalizado brasileiro Henrique Morize (1860-1930), está no ar até hoje, mas sob a tutela do governo federal, como Rádio MEC, no Rio de Janeiro, mantendo a programação cultural e educacional. Confira no *site* da Empresa Brasileira de Comunicação (EBC) a história da Rádio MEC e seu papel na comunicação nacional.
>
> EBC. **Rádio MEC 80 anos**. Disponível em: <https://www.ebc.com.br/especiais/radiomec80anos>. Acesso em: 30 nov. 2020.

Ao longo dos governos de Getúlio Vargas, o rádio assumiu um caráter comercial e popular. Na década de 1930, uma nova legislação permitiu a exploração comercial e criou o ambiente para que, logo na sequência, a rádio entrasse em sua era de ouro no Brasil. Multiplicou-se o número de emissoras, exclusivamente por amplitude modulada (AM), e popularizou-se a programação, que deixou de ser exclusivamente cultural e de elite, com reprodução de óperas e música clássica, e passou a dar informação e apoio às manifestações culturais mais populares, como o samba carioca. Na década de 1950, o rádio enfrentou um momento de reinvenção, sobretudo diante da ameaça da TV. Em 1970, com o início do uso da frequência modulada (FM), o rádio ganhou novo fôlego e, na atualidade, enfrenta um momento incerto de digitalização do sistema.

A TV nasceu do rádio e apropriou-se de seus profissionais, dos ouvintes e, sobretudo, da publicidade, que antes era veiculava exclusivamente pelas ondas sonoras. Nos anos 1950, o magnata da comunicação e dono dos *Diários Associados*, Assis Chateaubriand, fundou a TV Tupi, primeira emissora brasileira. E, com isso, abriu as portas para um dos principais meios de comunicação na atualidade.

Até a década seguinte, as emissoras passaram pelo processo de criação de uma programação específica para o meio, buscando apresentar programas com grandes produções em vez de exibições de improviso (Javorski, 2017). O mercado publicitário, já consolidado ao longo da era do rádio, com agências que haviam se instalado no Brasil influenciadas por programas estrangeiros, como a Rádio Esso, avançou em solo nacional impulsionado pela qualificação do mercado brasileiro e pelo surgimento de novas emissoras na década de 1960, que se tornariam líderes de audiência, como a TV Excelsior e a atual Rede Globo.

Do ponto de vista da regulamentação, TV e rádio estão sob o mesmo guarda-chuva da radiodifusão. No Brasil, assim como em outros países, o governo federal é responsável por determinar as regras e definir quem pode ou não explorar esses sinais, pois se trata de um bem público. As ondas eletromagnéticas são transmitidas pelo espectro aéreo, que pertence à nação. Além disso, a regulamentação e o controle, por meio de órgãos como a Agência Nacional de Telecomunicações (Anatel), garantem que o espaço não será explorado de forma indiscriminada e sem regras.

A regulação da radiodifusão, entendida aqui como serviços de exploração e transmissão de radiofrequência modulada, data de 1931, com um decreto publicado pelo então presidente Getúlio Vargas que apontava o Estado brasileiro como responsável por gerir as outorgas e as licenças para os setores de radiodifusão, radiotelegrafia e telegrafia em solo nacional. Como destaca Lopes (2009, p. 3), esses serviços foram considerados à época, e desde então, como de interesse nacional e por isso "deveriam ter como objetivo principal levar informação, educação e cultura à população".

Em 1932, influenciado pelos regulamentos estadunidenses, Vargas instituiu um rol legal denominado *Serviços de Radiocomunicação*, por meio de um decreto que definiu regras para a outorga das rádios, especificando as diretrizes para delimitar quem teria direito ou não a explorar comercialmente o setor. Essas duas legislações tornaram-se as predominantes para a área ao longo dos anos seguintes, até os anos de chumbo no Brasil. O foco, até então, era a regulação do setor de rádio (Simis, 2006). A determinação da União como detentora do direito de outorga também foi instituída na Constituição de 1934 e centralizou o poder no governo, com competência privativa de explorar ou dar concessão. Algumas regras estabelecidas à época eram a fixação de um limite de dez anos de outorga, com possibilidade de renovação, sob juízo do governo; a obrigatoriedade de a maioria dos diretores ser constituída por brasileiros e de haver um limite máximo de 10% da programação para a publicidade; e a proibição de que as rádios desempenhassem qualquer convênio com outras empresas sem que isso passasse pelo crivo do governo (Lopes, 2009). A partir daí, todas as Constituições posteriores, de 1937, 1946, 1967 e 1988, resguardaram a exclusividade do Estado brasileiro na concessão das outorgas ou licenças de exploração de rádios e TVs.

O sistema de radiodifusão brasileiro, no que diz respeito à legislação, sofreu uma série de intervenções durante a ditadura militar no país. O Código Brasileiro de Telecomunicações foi alterado a fim de limitar a propriedade e endurecer as regras sobre transferência de propriedade, o que aumentou o controle do governo nas concessões, medida considerada estratégica para a segurança nacional. Soma-se a isso a criação da modalidade educativa na TV e no rádio, pontos que vamos discutir mais profundamente ao tratarmos do sistema sob o viés do tipo de administração (Simis, 2006). Outra modificação na legislação foi a retirada de poder do Conselho Nacional de Telecomunicações (Contel), que deixou de ser responsável por atividades como conceder outorgas e renovações de outorgas nas áreas de rádio e TV e passou a "integrar como órgão normativo, de consulta, orientação e elaboração da política nacional de telecomunicações a estrutura do Ministério das Comunicações" (Lopes, 2009, p. 6).

A Constituição de 1988, conhecida como *Constituição Cidadã*, promoveu também uma série de alterações na legislação, com foco, sobretudo, na redução do monopólio do Estado e na divisão do poder com o Congresso. Com isso, passou a ser função da Câmara dos Deputados e do Senado analisar os atos de concessão e de renovação de emissoras de rádio e TV. A reforma do sistema também abriu espaço para a privatização, em 1988, do sistema Telecomunicações Brasileiras S.A. (Telebras), estatal que monopolizava a telecomunicação no país, especificamente no ramo da telefonia, e cujos serviços ficam sob o mesmo guarda-chuva da radiodifusão. A desestatização foi generalizada ao longo do governo neoliberal e afetou outros serviços em âmbito federal e estadual no país.

Para gerir os setores, uma vez que começaram a ficar nas mãos da iniciativa privada, o governo criou agências reguladoras. Nas telecomunicações, foi criada a Anatel, que reuniu algumas competências que eram desempenhadas pelo Ministério das Comunicações à época. Lopes (2009, p. 7) destaca que uma importante mudança ocorrida em 1995 alterou alguns pontos na regulamentação do setor, sendo que a mais significativa foi "o estabelecimento de que, a partir daquele momento, a outorga de radiodifusão comercial seria precedida de procedimento licitatório", o que conferiu maior transparência e burocracia ao trâmite das concessões. Em 1998, outra mudança no setor permitiu a criação de um rol de leis sobre radiodifusão comunitária para emissoras instituídas sob a tutela de organizações sem fins lucrativos, que passaram a atuar em sinais limitados na FM.

Não diferente da radiodifusão, a internet, como tecnologia de comunicação, também encontra regulamentação na legislação brasileira. Contudo, ao contrário do rádio e da TV, a internet não é passível de concessão ou outorga de uso por parte do governo. A regulamentação, assim, tem por objetivo determinar regras que garantam os direitos aos dados e, sobretudo, ao acesso, pelo viés do debate acerca da democratização dos meios. Resultado de anos de discussão com as instituições da sociedade civil, o Marco Civil da Internet, aprovado pelo Congresso e sancionado pela presidência em 2014, é conduzido pelo Comitê Gestor da Internet (CGI), órgão criado em 2003 pela presidência para estabelecer as diretrizes sobre o uso da internet no país; determinar as regras e normas para o uso do domínio .br, que estabelece a navegação sob responsabilidade brasileira na rede; e propor programas de pesquisa sobre a internet.

As diretrizes que nortearam o Marco Civil da Internet, segundo o CGI (CGI.br, 2014), foram os seguintes: proteção aos dados (criação de dispositivos legais que estabelecem sanções e penalidades para o uso irregular de dados, bem como garantia de sigilo de dados pessoais na rede); privacidade (vedação ao monitoramento de informações pessoais e de navegação e garantia da inviolabilidade da vida privada na rede); neutralidade (garantia de que a rede será livre de orientação política partidária e de demais discursos não isonômicos ou antidemocráticos); e inimputabilidade na rede (criação de diretrizes para determinar a responsabilidade legal em atos na internet).

Na sociedade da informação, a realidade é formada e mediada pelos meios de comunicação e pela tecnologia. Não é mais possível acessar a realidade, portanto, sem a influência dos meios, sobretudo quando se trata de um acontecimento de grande escala. De fato, construímos a realidade influenciados pelos meios de comunicação, pois aquilo que se torna um acontecimento social, reconhecido pela massa como fato ou evento real, consolida-se nos meios de comunicação, sejam os institucionalizados, como a imprensa, sejam redes tecnológicas, como redes sociais digitais.

A midiatização, como uma dimensão em que os meios se expandem de forma a não nos dar mais espaço para relacionamentos e conexões sociais sem aparatos tecnológicos, promove uma nova ambiência, que resulta em uma "nova pedagogia interpretativa a respeito das coisas, gerando ainda processos de conexão que reformulam os modos de funcionamento dos campos sociais e dos seus respectivos processos de interação" (Fausto Neto, 2006, p. 2). Mesmo com a possibilidade de interação entre os membros da sociedade e de relacionamento por meio de grupos sociais institucionalizados, como Igreja, escola e demais instâncias que também atuam na construção da realidade, os acontecimentos sociais são resultado, em certa medida, da influência dos meios de comunicação.

Como ressalta Hjarvad (2014), a importância dada ao conhecimento do mundo por meio da tecnologia interfere em vários domínios ou campos sociais. A midiatização consolida-se sobretudo pela interdependência e interação entre a mídia, a cultura e a sociedade. O autor destaca que, com "a ascensão das mídias interativas e digitais, esse processo se intensificou, tornando as comunicações mediadas indispensáveis a quase todos os domínios institucionais, como a política, a educação, o trabalho" (Hjarvad, 2014, p. 25).

O jornalismo, como uma instituição social com representatividade na consolidação das informações, tem regras específicas que ajudam a constituir a realidade no seio da sociedade. Não à toa, os demais campos e agendas sociais, como a política eleitoral, a religiosa, a esportiva e a de celebridades, buscam sempre pressionar os meios de comunicação com o objetivo de conquistar visibilidade e *status* de importância. Não que os meios façam um acontecimento de fato ocorrer, mas, uma vez representado midiaticamente, o fato é elevado ao grau de relevância na sociedade e considerado socialmente existente.

Do mesmo modo, os meios institucionalizados, como a imprensa, determinam o que é acontecimento pela evidência e pela saliência dos fatos, ou seja, pela replicação e reprodução constante de um fato. Como forma de analisar esse fenômeno, o campo da comunicação desenvolveu hipóteses e teorias como a teoria do agendamento, que se propõe a investigar como os meios atuam e pressionam a agenda social por intermédio da agenda dos meios. Duas dimensões são importantes para compreender a efetividade dessa influência (McCombs, 2009).

A primeira dimensão diz respeito à publicação e reincidência do acontecimento nos meios de comunicação. Quanto mais um assunto está na pauta dos meios de comunicação, maior é sua incidência nos debates públicos, nos assuntos discutidos nos ônibus, no trabalho e em várias dimensões da sociedade. Isso cria um foco, um tema ou um conjunto de temas que o tornam uníssono socialmente e o transformam em um acontecimento midiático. A segunda dimensão caracteriza-se por um enquadramento específico sobre um tema, o que faz com que uma abordagem específica seja evidenciada.

É o caso da violência como tema de relevância social. Vivemos situações de violência na sociedade, mas podemos ter o assunto evidenciado como acontecimento geral ou como realidade social em razão da saliência do fato nos meios (McCombs, 2009). Porém, o recorte pode privilegiar a violência ocorrida nos bairros pobres, como se isso acontecesse apenas lá. O recorte cria um direcionamento para o olhar que institui uma realidade diferente. Ao mesmo tempo que cria uma realidade, oculta uma infinidade de outras realidades possíveis.

5.3 Modelos de comunicação

Podemos estruturar o fenômeno da comunicação em modelos. Cada modelo busca apontar características de comunicação entre seres humanos, como o sistema matemático e linear, ou entre máquinas e humanos, como a comunicação de base cibernética, que se apropria dos processos como forma de regulação de sistemas e aprendizados.

Por *modelo* entendemos a forma de explicar o processo da comunicação, que ora pode centrar-se no processo de produção, ora pode consolidar-se em outras etapas que constituem o significado da comunicação, como na mídia ou no consumo da informação. Podemos destacar uma série de modelos. Aqui, vamos classificar os processos em cinco categorias: bases lineares, cíclicas e cibernéticas, de massa e culturais. O objetivo, ao final de cada processo, é obter regras gerais que indiquem a possibilidade da comunicação na sociedade.

As **bases lineares** não são únicas e não têm uma única autoria. Consideramos como bases lineares aquelas que pressupõem apenas a ida da informação, ou seja, somente a comunicação que parte de um ponto a outro e não apresenta capacidade de retorno. Todas as formas de comunicação de ação e reação estão nessa categoria. As primeiras bases teóricas de análise da comunicação partem desse pressuposto, o de que os meios de comunicação desempenham o papel de influenciar a população. Um dos primeiros paradigmas que podemos destacar na base linear é aquele que resultou na teoria da agulha hipodérmica, a primeira abordagem sistematizada da comunicação.

Pensando-se em um contexto de sociedade de massa, ou seja, com maioria proletária e formada por um público que não tem a capacidade de contestação, sendo assim altamente sugestionável, os meios de comunicação, no conceito estímulo/resposta, desempenham a função de uma seringa que injeta determinada informação no seio do público, o qual é facilmente influenciado pela informação, como uma anestesia que se alastra por ele, o amortece e é difundida do centro para os limites do raio de impacto da mensagem.

Como paradigma, a teoria não encontrou eco na prática e foi rapidamente substituída. Um dos autores da nova base teórica foi o sociólogo e pesquisador estadunidense Harold Lasswell (1902-1978), que, ao estudar a influência da publicidade de guerra nos Estados Unidos, desenvolveu uma base linear de interpretação da comunicação que orientou a direção dos estudos da comunicação. Ele considera que o processo em análise deve ser decomposto a fim de se interpretar cada parte e chegar ao quadro final da efetividade da comunicação.

Seu modelo propõe que uma mensagem é enviada por algum emissor, que parte de algum canal ou meio, com um foco ou destinatário, e espera determinado efeito. Serra (2007, p. 78) observa que Lasswell procurou

> descrever os estudos dos *mass media*, que se deixam resumir na fórmula já citada "Quem diz o que, por que canal, a quem, com que efeitos?" – que patenteia claramente que o autor elege, como principais elementos da comunicação, o comunicador (emissor), o conteúdo (da mensagem), o canal, a audiência (o receptor) e os efeitos (sobre os receptores).

Lasswell, portanto, parte de um modelo que busca dar conta das perguntas e diretrizes da comunicação: quem? (base de estudos sobre o emissor ou o envio das informações); diz o quê? (base de estudos focados na mensagem ou no sentido da mensagem); por que canal? (base de estudos centrados no objetivo de analisar o papel da tecnologia ou do meio); a quem? (base de estudos voltados à análise do consumo e da audiência); com que efeito? (base de estudos sobre os efeitos das mensagens).

Observando essas premissas, Lasswell estabelece ao menos três pontos de referência sobre a comunicação: (1) existe um ponto de envio e outro de recepção; (2) há uma intencionalidade estabelecida; (3) o emissor e o receptor estão isolados no processo. Não necessariamente com o objetivo de questionar ou derrubar o modelo de Lasswell, outras bases teóricas se preocuparam com o entendimento da comunicação por meio de um modelo esquemático. Um deles, que influenciou a teoria da informação, foi desenvolvido pelo matemático estadunidense Claude Shannon (1916-2001) e pelo engenheiro de telecomunicações estadunidense Warren Weaver (1894-1978).

Os dois procuraram descrever um processo de comunicação simples, com capacidade de indicação de pontos de melhorias na *performance* da comunicação, para evitar problemas ocorridos nos processos. O modelo foi apresentado em meados do século XX e demonstra a seguinte ordem: um emissor codifica uma mensagem e a passa ao transmissor, que, por sua vez, a envia por um canal a um receptor, o qual decodifica a mensagem e a entrega a um destinatário. A linearidade ainda está estabelecida no modelo, que ressalta o esquema e não dá importância ao papel do emissor ou do receptor, aos contextos culturais ou à capacidade do meio. Ao apresentarem esse esquema, os autores destacaram ao menos dois pontos que podem interferir no processo de comunicação. Assim, a concepção original do modelo destinava-se "à estimativa da quantidade de informação transmitida, tomando-se por referência a improbabilidade estatística de aparecimento de certas mensagens sem levar em conta seus sentidos, prováveis ou possíveis" (Polistchuck; Trinta, 2003, p. 103).

O primeiro ponto é de ordem técnica e diz respeito ao meio. Nesse caso, podemos destacar essa interferência como um ruído que precisa ser transposto. Se é do meio, ou seja, se é mecânico, segundo os pesquisadores, a forma de vencer o problema é usar a repetição ou a redundância para que o conteúdo chegue ao destinatário. Como exemplo, imagine uma rádio cujo sinal sofreu uma interferência quando o locutor estava passando uma informação. O ouvinte não ouviu por causa do ruído. Assim, o locutor repete a informação várias vezes e, quando o sinal volta a ficar firme, o ouvinte entende a mensagem. O segundo ponto é da ordem da mensagem. Nesse caso, o problema pode ser semântico, ou seja, está relacionado ao entendimento. Como destacam Polistchuck e Trinta (2003, p. 102), os problemas de ordem técnica "são, em princípio, os mais facilmente solúveis. Já as questões semânticas podem ser de fácil identificação, mas sua solução é mais difícil". Imagine agora que, nessa mesma rádio, o locutor fale, sem criar um contexto, que no programa do dia seguinte o assunto será manga. Sem indicar o que é ou qual é o recorte, fica difícil entender o assunto na prática. Pode ser sobre a fruta manga, sobre a manga de vestimenta ou ainda sobre a manga de confeiteiro. Enfim, para contornar o problema, não basta repetir, pois isso manterá o ruído; é preciso diversificar a informação e contextualizar. Um grande problema que podemos encontrar aqui é a linearidade do processo, que impede que possamos verificar, na prática, se a mensagem foi ou não efetiva.

Na **base cibernética**, inaugurada pelas abordagens sobre as relações de comunicação para regulação sistêmica, destaca-se o matemático estadunidense Norbert Wiener (1894-1964). O modelo cíclico é desenvolvido com base não apenas na condução unilateral da informação, mas no pressuposto do retorno, que ajuda na regulação do sistema e na melhoria do aprendizado dos agentes. Assim, na abordagem de Wiener, controle e comunicação são elementos-chave que colaboram para o entendimento de como funcionam as regulações nos sistemas biológicos.

Como explica Messagi Júnior (2018, p. 90),

> Um ecossistema busca equilibrar eventuais desequilíbrios e sobreviver, se ajustando. Um organismo vivo luta incessantemente contra ameaças, e busca ficar em equilíbrio. Da mesma forma, um sistema social, uma cidade, por exemplo, faz esforços mais ou menos bem-sucedidos para se manter organizado.

Para se pensar em regulação, é importante considerar o papel da entropia, isto é, da desregulação que a situação natural pode impor ao modelo social. Nesse caso, uma força contrária buscaria restabelecer o estado de normalidade ou simetria.

Em um sistema social, compreendendo-se a ilegalidade como um desvio do sistema, os sistemas judiciário e policial atuariam como agentes de regulação. Para que isso ocorra, contudo, diferentemente do previsto nos sistemas e modelos lineares, precisamos de um retorno do sistema. Assim, como observa Sousa (2008), no que diz respeito à sociedade, o mecanismo de *feedback* seria a imprensa, como forma de análise e termômetro dos acontecimentos sociais utilizados pelo sistema para medir a necessidade ou não de regulação.

Outro modelo que podemos destacar nessa base é o de comunicação interpessoal formulado pelo estadunidense Wilbur Schramm (1907-1987), também pertencente ao rol de pesquisadores da teoria da informação. Ele avança em relação aos estudos iniciados por Shannon e Weaver e complexifica aquele modelo linear para um que seja cíclico em razão de sua capacidade de retorno. Segundo Schramm, os agentes emissores e receptores assumem capacidades de ressignificação da mensagem e de transmissão.

Nessa perspectiva, cada ponta do processo, antes entendido de forma linear, tem a capacidade de decodificar e codificar a mensagem e de replicá-la. Dessa forma, conforme explicam Polistchuck e Trinta (2003, p. 107, grifo do original), "**comunicador** e **receptor** sempre se situam em 'campos de experiência'. Um 'campo de experiências' é um conjunto de vivências sociais e culturais adquiridas na vida cotidiana, pelas quais cada pessoa pode determinar sua conduta em cada momento de sua vida. A **mensagem** liga um 'campo' a outro". A caracterização dos emissores como potenciais receptores, como ressignificadores e como agentes com capacidade de reinterpretação da mensagem, configurando-se, portanto, uma postura ativa, rompe com a ideia de um elemento unilateral, "permite entrever-se que tal processo reorienta seu rumo por uma **realimentação** ou uma **retroalimentação**. Esse *feedback* é um indicativo seguro de como está sendo recebida, interpretada e replicada a **mensagem**" (Polistchuck; Trinta, 2003, p. 107, grifo do original).

Outra abordagem sistêmica cíclica, mas com foco no meio, é a desenvolvida pelo teórico da comunicação estadunidense David Berlo (1929-). O quadro em que se dá o entendimento da informação é importante para a compreensão dados, ou seja, nesse caso, a decodificação ou o contexto de entendimento da mensagem é determinante para a efetividade do processo. Dessa forma, Berlo reitera e aceita o pressuposto de que emissor e receptor atuam na mesma qualidade, isto é, em um "ato comunicativo bem-sucedido, emissor e receptor devem revelar alguma equivalência no que toca ao domínio de um **código**. Berlo enfatiza ainda a importância do **canal** em tal processo" (Polistchuck; Trinta, 2003, p. 106, grifo do original). Assim, as mensagens apresentam um conteúdo que precisa ser analisado considerando-se a bagagem dos indivíduos no processo.

Por fim, mas não finalizando as possibilidades de modelos de comunicação, podemos ainda problematizar as capacidades de entendimento e ressignificação dos agentes com base no **contexto social e cultural**. Em um modelo de comunicação massiva, isso implica entender que os agentes não são passivos, pois dialogam com o meio e reinterpretam as informações com base em seu contexto social. O macroambiente, o microambiente e a localização do indivíduo nesse espaço são fundamentais para entender como a comunicação se estabelece em um sistema complexo.

5.4 Comunicação no mercado brasileiro

O mercado da comunicação, quando se trata dos sistemas que são regulamentados pela União, está sob o guarda-chuva do Ministério da Ciência, Tecnologia, Inovações e Comunicações (MCTIC) e da Anatel. Isso porque, para receber outorgas e licenças, é necessário atender às exigências burocráticas e regimentais do governo. Desde que a Lei da Imprensa (Brasil, 1967) foi revogada, em 2009, os meios de comunicação carecem de um rol de legislação que regulamente o setor. A lei de 1967, instituída durante a ditadura militar, tinha como meta estabelecer formas e instrumentos de censura do governo sobre os meios de comunicação.

Na atualidade, as instituições do terceiro setor e da sociedade civil buscam a regulamentação das temáticas na área e formas de institucionalizar e criar segurança para os meios e os cidadãos. Ou seja, se existem regras para o rádio e a TV, por exemplo, por utilizarem o espectro público de sinais de radiodifusão, o mesmo não podemos falar da mídia impressa e das meios digitais. A regulação, porém, não é vista com bons olhos por parte do campo profissional e empresarial da mídia, que encontra nessa ideia uma forma de repressão ou censura.

> A regulação, para quem a defende, não estaria, contudo, na ordem do conteúdo, mas sobretudo na do acesso à segurança por parte da população, bem como na não centralização de poder por parte de conglomerados de comunicação. De fato, o que regula a mídia impressa e digital é o mercado. No entanto, isso não significa que não existam regras ou leis que regulamentem ou que reconheçam o direito ao acesso ao setor.

A Constituição Federal de 1988 (Brasil, 1988), no quinto capítulo, trata da comunicação social e resguarda o direito à manifestação, à expressão e à informação. Aos meios, entretanto, restam as obrigações de não serem objeto de monopólio ou oligopólio e de não promoverem conteúdos que firam os direitos humanos e não estejam alinhados a finalidades informativas, culturais, artísticas e educativas. A Carta Magna brasileira destaca que a propriedade de empresas jornalísticas e de radiodifusão deve ser brasileiros natos ou naturalizados há mais de dez anos ou, ainda, de pessoas jurídicas estabelecidas e com sede no Brasil.

Afora a Constituição, podemos destacar o sistema de radiodifusão, com regras específicas sobre concessão e outorga. Uma rádio ou uma TV jamais terão um canal eternamente à disposição de uma empresa ou pessoa física. O sinal utilizado para enviar informações, diferentemente das estruturas físicas das emissoras, é um espaço público. Assim, passa pelo crivo do governo a liberação de atuação no meio, não apenas pela garantia de distribuição e do atendimento de regras sobre o uso técnico dos canais, a fim de evitar acidentes e catástrofes em razão do uso inadequado de transmissão de radiofrequência, principalmente pelo impacto social que os meios têm.

Segundo Lopes (2009), dois órgãos no governo são responsáveis pelas outorgas e pelas renovações: o MCTIC e a Presidência da República, na figura da Casa Civil. Enquanto o primeiro analisa questões técnicas e burocráticas, o segundo tem uma responsabilidade mais política. O caminho da concessão, então, parte do MCTIC, passa pela Casa Civil, segue para as comissões e para a votação na Câmara dos Deputados, depois para as câmaras especializadas do Senado e, por fim, retorna à Casa Civil. Os próximos trâmites são a sanção presidencial e as publicações na Imprensa Oficial. As concessões obedecem a um calendário de abertura de canais de rádio e TV, bem como de publicação de editais públicos. No caso de emissoras comunitárias de rádio, os editais contemplam o tempo de debate e de votação pública, uma vez que são de interesse de entidades da sociedade civil.

As tramitações de outorgas incluem as modalidades comerciais, públicas, educativas ou comunitárias. As outorgas comerciais, do ponto de vista do trâmite, devem partir da entidade ou empresa, que busca no governo, por meio do MCTIC, a abertura de um edital para prestação de serviços locais. Se o espaço e o sinal ou canal a serem explorados são públicos, parte-se do pressuposto de que as concessões atendam a interesses da comunidade, ou seja, interesses públicos. Uma vez que o ministério abre um edital, ele percorre uma tramitação de abertura pública. Assim, "deve haver no edital indicação de critérios objetivos para a gradação da pontuação, sendo vedada a comparação entre propostas" (Lopes, 2009, p. 8). Nesse aspecto, são três as etapas do edital. A primeira é a fase de habilitação, a segunda é a análise das propostas técnicas e a terceira é a análise financeira.

Carvalho (2017), ao analisar dados sobre a mídia pública no Brasil, discorre sobre os tipos de outorga e suas implicações do ponto de vista representativo e deliberativo na sociedade. De acordo com o pesquisador, o campo privado, que abarca as emissoras de rádio e TV que não são educativas ou comunitárias, busca explorar comercialmente os meios. Assim, conforme Carvalho (2017, p. 74), nas mídias comerciais,

> estão as limitadas e as sociedade anônimas, cuja lógica é essencialmente a de prestação de serviço com fins na rentabilidade que podem gerar. As emissoras sem fins lucrativos detêm como subcategorias as fundações, as emissoras comunitárias e as universitárias de instituições de ensino superior privadas.

As regras atuais para a radiodifusão permitem às emissoras comerciais a distribuição de até um quarto de sua programação para publicidade comercial. As emissoras comerciais primam pela audiência e cobram por minuto de veiculação comercial. Nessa estrutura, quanto maior é a audiência ou a quantidade de aparelhos sintonizados, maior é o potencial de atenção do público e, assim, a emissora estabelece preços maiores para a publicidade. Dessa forma, "toda vez que se estabelecem os valores para anunciantes publicitários, eles estão determinados, principalmente, pelos índices de audiência" (Carvalho, 2017, p. 75).

Já as outras emissoras que exploram o modelo comercial, mas sem fins lucrativos são encabeçadas por entidades do terceiro setor e da sociedade civil. Suas concessões, em regra, deveriam atuar para contribuir com a leitura plural na sociedade, em vez de se submeterem ao interesse do público, no sentido de oferecer mais entretenimento e informações que sejam focados no aumento da audiência. Contudo, como alerta Carvalho (2017, p. 77), não é isso o que de fato ocorre, visto que a maioria "dos casos são fundações privadas constituídas por entidades religiosas [...] colocando em questão a cláusula constitucional da laicidade do Estado brasileiro, já que essas emissoras acabam transmitindo conteúdos predominantemente religioso". Assim, não utilizam o espaço para fins democráticos e de interesse público.

As emissoras ou sinais públicos não estão necessariamente no mesmo cabedal dos demais veículos no que diz respeito ao esforço e à burocracia de outorga, uma vez que se encontram no seio do Estado, dividido entre os três poderes. São canais focados em transmissão de dados e informações governamentais. Nas rádios, essa função, em sua maioria, fica restrita ao programa público transmitido diariamente pelas rádios AM e FM em horário flexível, das 19 horas às 22 horas, pela Voz do Brasil e demais programas dos poderes Legislativo e Judiciário. Já nos sistemas de TV, isso fica qualificado em canais específicos dos poderes Executivo, Legislativo (um para o Senado e um para a Câmara) e Judiciário, em âmbito federal. Segundo Carvalho (2017, p. 80), o campo público dos canais é organizado entre emissoras governamentais e de gestão indireta. No primeiro caso, são os canais dos três poderes diretamente. No segundo, são emissoras "públicas que não mantêm (ou não deveriam manter) um vínculo direto com o Executivo, o Legislativo ou o Judiciário, tendo como gestores conselhos ou outros modelos que seriam responsáveis pela produção e exibição de conteúdos". No caso das governamentais, reforça o pesquisador, elas cumprem o papel de atender às demandas institucionais, dando pouca margem para exploração particular.

A radiodifusão educativa, conforme destaca Lopes (2009), não é algo novo, e sua previsão é contemplada desde 1967. A preocupação com o uso dos sinais públicos para fins educacionais existe desde a primeira legislação do rádio, criada no governo Epitácio Pessoa na década de 1920. Os documentos legais que estabelecem a exploração educativa preveem o uso de rádio e TV

> destinado à transmissão de programas educativo-culturais, que, além de atuar em conjunto com os sistemas de ensino de qualquer nível ou modalidade, visem à educação básica e superior, à educação permanente e à formação para o trabalho, além de abranger as atividades de divulgação educacional, cultural, pedagógica e de orientação profissional. (Lopes, 2009, p. 8)

Aqui, reserva-se o uso às instituições privadas ou públicas de ensino, como universidades, que poderão veicular programas educacionais ou de caráter recreativo e informativo que contemplem elementos instrutivos. Lopes (2009, p. 9) acrescenta que, nesses casos, não existe um "procedimento específico para a outorga estabelecido na legislação, sendo a escolha dos agraciados com concessões e permissões discricionária do ministro das comunicações".

Por fim, entre os tipos de concessões ou outorgas, desde 1995, o país encontra na TV e, a partir de 1998, em rádios canais específicos para exploração cultural pela comunidade. São decorrentes, então, da radiodifusão comunitária. No caso da TV, pouco se avançou no país em termos de conceder o uso dos sinais para as entidades do terceiro setor e da sociedade. Com relação às TVs, desde a década de 1980, existem iniciativas de transmissão comunitária, mas pela lógica de reprodução de conteúdo em espaços públicos. Além desses tipos manuais e simplificados de TV comunitária, Peruzzo (2004) destaca a existência de formatos de transmissão de baixa potência no espectro aberto que atingiam comunidades específicas. Nesse caso, as transmissões eram clandestinas, como rádio pirata, pois não havia uma regulamentação em lei.

Contudo, ao contrário do que ocorria em relação às rádios, a regra não especificava as formas de funcionamento das TVs. A lei, criada em 1995, tinha por objetivo regulamentar ou especificar os serviços de TV a cabo no país. Em seu art. 23, a legislação estabelece que as operadoras de TV a cabo devem disponibilizar canais para utilização gratuita. Na regra, são sete os canais de acesso gratuito, entre eles os canais da Câmara dos Deputados e do Senado Federal, o Canal Universitário, o Canal

Educativo e "um canal comunitário aberto para utilização livre por entidades não governamentais e sem fins lucrativos" (Brasil, 1995).

Os canais comunitários ou TVs comunitárias no Brasil, portanto, ainda não ocupam de forma regulamentada e ampla o espaço aberto, ficando restritos ao sistema de transmissão fechado das TVs a cabo ou por assinatura. O que torna esses canais comunitários, então, é a forma de administração e produção. Programas populares, sindicais, culturais e produções audiovisuais, como filmes e séries desenvolvidos de modo independente e não comercial, estão entre os pontos da programação das TVs comunitárias. A legislação, entretanto, reserva à população o direito de uso de um canal comunitário. Porém, diferentemente da lei da radiodifusão, não especifica a forma de organização das instituições, a forma de consolidação e as regras de funcionamento das entidades de administração das TVs comunitárias.

Já quando o assunto são rádios comunitárias, a legislação, por conta da pressão popular, é mais ampla e descreve não apenas o processo burocrático para o recebimento de outorga, mas também as responsabilidades das rádios. Para receber uma outorga do governo para o uso do espectro, a rádio comunitária deve ser constituída de uma pessoa jurídica comunitária com agrupamento de associações e entidades que representem as variadas demandas e grupos da comunidade. As entidades não podem ter finalidade lucrativa. As instituições devem especificar em seus estatutos a abertura para a livre associação de pessoas que vivam na comunidade. Além disso, precisam ser compostas de um rol amplo de representação e garantir que a direção da instituição tenha fluxo contínuo, ou seja, que existam eleições periódicas.

Como informa o MCTIC, órgão responsável pela emissão das outorgas, as associações devem apresentar uma estrutura democrática na comunidade. As entidades autorizadas "deverão garantir, inclusive em seus estatutos, que todos os seus associados poderão se manifestar nas instâncias deliberativas existentes e terão direitos de voz e de voto" (Brasil, 2008, p. 12). Além disso, as entidades que estão requerendo a liberação para atuar como rádio comunitária não podem ser, "ainda que parcialmente, subordinadas financeira ou administrativamente, por exemplo, a uma família, a um grupo de pessoas, a partido político, a entidade religiosa, a sociedade comercial" (Brasil, 2008, p. 2). As rádios comunitárias funcionam em FM, em sinal determinado pelo município. Um mesmo sinal é distribuído para todas as rádios daquele município. O que garante que não haverá interferência nos sinais é a distância; portanto, não pode haver duas rádios no mesmo local.

Para além das determinações dos tipos de outorga, algo importante a destacar é a forma como o espaço é distribuído em termos de centralização dos meios de comunicação. Mesmo que se trate de um espectro público, boa parte das emissoras de rádio e TV foi concedida a figuras com poder político ou empresarial e, em alguns casos, com propriedade acumulada de emissoras. Aqui, o que se evidencia é a mídia como instrumento de dominação ou, ainda, como um espaço de pouca participação popular. Carvalho (2017) ressalta que essa é uma postura encontrada em países com pouca tradição de arena deliberativa com participação das classes subalternas no espaço público. Esse aspecto, conforme o pesquisador, é resultante de três fatores.

O primeiro é cultural e diz respeito à falta de entendimento dos jogos de forças sociais. O segundo é econômico e está calcado na sociedade capitalista, que promove a individualidade e a necessidade da luta pela sobrevivência, o que deixa pouco espaço para a interação política. O terceiro é a questão da memória popular eivada de lembranças que destacam o ceticismo na máquina estatal. Com isso, o que se consolida são meios que passam ao largo do interesse ou da capacidade de representatividade popular. Isso altera a significação dos meios, que poderiam ser instrumentos de autonomia ou maioridade social, porém "sua importância se resume para os indivíduos praticamente como meios de entretenimento, ou, ainda que de modo questionável, a prestadora de serviços" (Carvalho, 2017, p. 53). Nesse sentido, os indivíduos deixam de ser entendidos como cidadãos e passam a ser reconhecidos como público e audiência.

De fato, esses termos resumem a postura que cada meio pode ter, ou seja, a mídia assume posições distintas quando trata o indivíduo como público ou como audiência. Entendemos por *público* o consumidor da informação, o destinatário da comunicação e o interpretador dos dados. O que é de interesse público, de relevância pública, é veiculado nos meios de comunicação e focado na participação do indivíduo na promoção da cidadania. O público pode ser entendido como pessoas ou grupos organizados de pessoas, sem "dependência de contatos físicos, encarando uma controvérsia, com ideias divididas quanto à solução ou medidas a serem tomadas frente a ela; com oportunidade para discuti-la, acompanhando e participando do debate por meio dos veículos de comunicação ou da interação pessoal" (Enciclopédia..., 2010, p. 983). A postura do meio, quando atende ao interesse público, é pela relevância e pelo impacto social da informação e da notícia.

Na outra ponta, podemos observar o conceito de *audiência*. Aqui, a qualificação do consumo é outra, mais quantitativa que qualitativa. O que é interesse do público, diferentemente do interesse público, é o consumo, é receber mais entretenimento e informação padronizada, não necessariamente importante ou qualificadora para a participação na vida pública ou cidadã. Ora, dar valor à audiência significa atribuir importância ao consumo do produto, e não obrigatoriamente à sua ressignificação. Assim, o conceito está relacionado ao modelo "publicitário de financiamento das indústrias culturais, típico da radiodifusão, do *broadcasting*, ou cultura de onda [...], ainda que não se limite necessariamente a ele" (Enciclopédia..., 2010, p. 108).

Nesse aspecto, não se trata de imaginar uma razão libertadora, e sim de considerar uma tecnicidade que planifique o público em consumidor numérico, sem identidade. São posturas diferenciadas da mídia, que pressionam para a configuração de quadros diferentes de apropriação dos meios na sociedade. Quanto mais deliberativa for uma sociedade, mais participativa e focada no interesse público será sua mídia, como reflexo de suas cobranças.

5.5 Direito à informação e acesso à informação

Entender a comunicação como um direito do cidadão e o acesso aos meios de produção de informação como uma forma de inclusão social é o que está no cerne do entendimento do direito à comunicação, previsto como direito à informação na Declaração Universal dos Direitos Humanos (ONU, 1984) e na Constituição Federal de 1988.

Como direito à comunicação, criando a relação entre informação, democracia e comunicação, vemos ainda no Programa Nacional de Direitos Humanos, com uma diretriz que garante ao cidadão o direito à comunicação democrática e o acesso à informação. Assim, o direito à comunicação, conforme Vannuchi (2018, p. 169), "resultou da percepção de que direito à informação e liberdade de expressão eram conceitos insuficientes para contemplar as garantias necessárias ao exercício da comunicação, ora visto como ato essencial para a dignidade humana e para o pleno desenvolvimento dos indivíduos".

Duas questões passam pela lógica de direito à comunicação. A primeira é a democratização dos meios, que envolve a ideia de acesso à produção da informação. As rádios comunitárias, por exemplo, seriam ferramentas que promoveriam essa abordagem. No entanto, o quadro está longe de ser realidade, pois carece de regulamentação dos meios e há concentração dos meios de comunicação no país. A segunda questão é o acesso à comunicação como direito aos dados e ao recebimento de informação de qualidade.

Ao analisar o direito à comunicação pela abordagem da promoção dos dados e do formato ativo de criação, Fischer (1982) reforça que, mesmo contemplado como direito, o que preconizam a Declaração Universal dos Direitos Humanos e outros dispositivos não é liberdade suficiente de expressão. Isso porque esses documentos destacam muito mais o conteúdo que o processo de comunicação, sobretudo pensando em um fluxo que não seja unidirecional e linear. Assim, para Fischer (1982, p. 6), o conceito do direito de comunicar é expansivo e democrático, ou seja,

> enfatiza o processo de comunicar mais do que o conteúdo da mensagem. Implica participação. Sugere uma transferência interativa de informação. E, subjacente ao conceito, há uma sugestão ética e humanitária sobre a responsabilidade de assegurar uma distribuição global mais justa dos recursos necessários para que a comunicação se torne possível.

Como reforça Vannuchi (2018, p. 170), o direito à comunicação se distancia do que é preconizado como direito à informação e coloca-se na concepção do direito a comunicar, isto é, "tomando emprestado o modelo informacional da teoria da comunicação, não basta ao cidadão ser receptor da mensagem: ele deve ser também emissor, e que a comunicação se faça numa via de mão dupla". Isso está relacionado à multiplicação de vozes e à democratização da produção. O direito à comunicação, assim, estabeleceria regras de participação dos cidadãos na produção de sentido na sociedade. Já como acesso à informação, podemos entender o direito não apenas em relação aos meios, mas também na lógica de transparência pública, ou seja, está mais focado no acesso à informação como forma de fiscalização da coisa pública, como ferramenta de gestão do que é público, da atuação dos governos.

> **Para saber mais**
> Quanto custa um pedido de informação no Brasil? Tecnicamente, o pedido de informação é gratuito e é um direito de todo cidadão brasileiro. Contudo, caso o pedido demande a produção de versões impressas, a gravação de mídias físicas ou o envio por correio, esse custo pode ser pago pelo cidadão requerente.

Nesse aspecto, o acesso à informação desemboca em um processo de alinhamento das políticas do governo brasileiro às posturas internacionais de liberar dados públicos para a população. O que resume esse papel no Brasil é a Lei de Acesso à Informação (LAI), cuja regulamentação foi estabelecida pela Lei n. 12.527, de 18 de novembro de 2011, e representa um divisor de águas na exposição de informações públicas e, por conseguinte, no trabalho dos jornalistas que fazem a investigação do setor público com base em dados (Ribeiro, 2018). Essa lei representa uma mudança de paradigma no governo brasileiro, na medida em que migra do entendimento de que os pedidos de informações devem ser balizados pela regra da negativa. Naquela postura, quem pede a informação é quem deveria incumbir-se de reunir justificativas para convencer o poder público a abrir mão do sigilo. Assim, a lei institui uma nova regra, a da transparência, de forma que quem negar a informação é que deve justificar a negativa. A regra é, pois, conceder acesso aos dados.

Fornecer os dados é o que define a postura da transparência. A lei estipula ao menos dois modos de fornecimento. Uma delas é quando o poder público, sobretudo por força de lei, deixa publicado o conteúdo financeiro e informa dados sobre funcionários e comissionados públicos, gastos de contratos e demais publicações compulsórias de "órgãos públicos, ou seja, não é necessário que elas sejam solicitadas para que ganhem publicidade. A isso chama-se transparência ativa" (Ribeiro, 2018, p. 102).

Dessa forma, o poder público coloca-se como ponta ativa no processo e expõe os dados em portais e em demais publicações de acesso dos cidadãos. O requerimento não é necessário.

Já no caso de ser demandado do poder público um dado que não está no rol de transparência ativa, o que se estabelece é a transparência passiva. Nessa situação, a LAI se responsabiliza por criar as regras de como deve ser respeitado o direito do cidadão e estabelecer os limites das solicitações. Assim, caso determinada informação desejada pelo cidadão não esteja disponível no *site* do órgão responsável por ela, "é possível realizar um pedido, via SIC (tanto pela internet como pessoalmente). É o que se chama de transparência passiva, ou seja, aquela demandada por uma solicitação, em contraposição à transparência ativa" (Ribeiro, 2018, p. 104).

Síntese

Neste capítulo, vimos que a comunicação tem como objetivo tornar comum uma informação. Entretanto, a comunicação não é algo único, ou ao menos não se desenvolve em apenas um formato. A capacidade da comunicação é impressionante quando entendemos que a subjetividade do indivíduo ultrapassa os limites de seu ser e replica ou reproduz sentido no outro. Modelos de comunicação foram usados ao longo das pesquisas sobre o processo da transmissão de informação para compreender quais são as formas de fazer com que um dado chegue a outro ponto de maneira completa e sem ruídos. Os modelos, independentemente do formato, fundamentam-se sempre na comunicação mediada, ou seja, na comunicação em um sistema, entendido aqui como a consolidação da tecnologia e da apropriação pela sociedade, como imprensa, sistemas de rádio e TV ou sistemas digitais. Nesses sistemas, um dos pontos a serem debatidos é a participação popular na produção de sentido, ou seja, o direito à comunicação.

Atividades de autoavaliação

1. Indique a afirmativa correta no que se refere aos modelos de comunicação:
    a) As bases lineares são únicas na comunicação e pressupõem a ida e a volta da informação, ou seja, somente a comunicação que parte de um ponto a outro com capacidade de retorno.
    b) O modelo cíclico é desenvolvido com base não apenas na condução unilateral da informação, mas no pressuposto do retorno, que ajuda a regular o sistema e a melhorar o aprendizado dos agentes.
    c) A base cíclica de informação pressupõe um caminho unidirecional da comunicação, com a figura do emissor e do receptor no processo de comunicação.
    d) O modelo de comunicação de massa estabelece as regras de intersubjetividade entre indivíduos, como as comunicações em diálogos e ligações telefônicas.
    e) O *feedback* ou retorno está presente em todos os modelos de comunicação, lineares ou não.

2. Indique se as afirmações a seguir são verdadeiras (V) ou falsas (F) no que se refere aos tipos de outorga e suas características:
    ( ) As tramitações de outorgas incluem quatro modalidades: comerciais, públicas, educativas e comunitárias.
    ( ) As outorgas comerciais, do ponto de vista do trâmite, devem partir da entidade ou empresa, que busca no governo, por meio do MCTIC, a abertura de um edital para prestação de serviços locais.
    ( ) As regras atuais para a radiodifusão concedem às emissoras comerciais a distribuição de até metade da programação para publicidade comercial.
    ( ) A radiodifusão comunitária prevê a concessão não para pessoas físicas, mas para instituições formadas democraticamente por meio da reunião dos membros de determinada comunidade.
    ( ) As emissoras ou canais públicos são destinados aos três poderes, para informações sobre as estruturas públicas e o funcionamento do Estado.

Agora, assinale a alternativa que corresponde à sequência obtida:

a) V, V, V, V, V.
b) V, V, F, V, V.
c) V, F, F, V, V.
d) V, F, V, F, V.
e) V, V, V, V, F.

3. Considere as afirmações a seguir, relativas ao acesso à comunicação e à informação:
   I) Um dos pressupostos do direito à comunicação é estabelecer regras de participação dos cidadãos na produção de sentido na sociedade.
   II) O acesso à informação busca estabelecer o direito não apenas em relação aos meios, mas também na lógica de transparência pública, como ferramenta de gestão do que é público e da atuação dos governos.
   III) O direito à comunicação não tem relação com o direito à informação e significa que não basta ao cidadão ser receptor da mensagem, ele deve ser também emissor.
   IV) A Lei de Acesso à Informação (LAI) representa uma mudança de paradigma, pois muda o entendimento de que os pedidos de informações devem ser balizados pela regra da negativa. Com base nela, o que está em vigor é o fornecimento da informação.
   V) Transparência passiva é aquela por meio da qual o cidadão deve questionar o poder público, que reagirá à demanda.

   Agora, indique a alternativa correta:

   a) Apenas as afirmações I, II e V estão corretas.
   b) Apenas as afirmações I, II e IV estão corretas.
   c) Apenas as afirmações I, II, III e V estão corretas.
   d) Somente as afirmações III e V estão corretas.
   e) Todas as afirmações estão corretas.

4. A forma de organização política e a cultura deliberativa pressionam para a configuração de uma mídia democrática ou opressora. Mesmo que se trate de um espectro público, boa parte das emissoras de rádio e TV foi concedida a figuras com poder político ou empresarial e, em alguns casos, com propriedade acumulada de emissoras. Aqui, o que se evidencia é a mídia como instrumento de dominação ou, ainda, como um espaço de pouca participação popular. Essa é uma postura encontrada em países com pouca tradição de arena deliberativa com participação das classes subalternas no espaço público. Existem alguns fatores que são importantes para essas análises. Sobre isso, considere as seguintes afirmações:

   I) Um fator é o cultural, relacionado à falta de entendimento dos jogos de forças sociais.
   II) Um fator é o cultural, relacionado às manifestações da cultura do povo, musical ou não.
   III) O fator econômico está calcado na sociedade capitalista, que promove a individualidade e a necessidade da luta pela sobrevivência, o que deixa pouco espaço para a interação política.
   IV) Outro aspecto importante é a questão da memória popular, eivada de lembranças que destacam o ceticismo na máquina estatal.
   V) O fator econômico está relacionado à forma como o câmbio pode facilitar o acesso aos equipamentos importados.

   Agora, assinale a opção correta:

   a) As afirmações II e V estão corretas.
   b) As afirmações I, II e V estão corretas.
   c) As afirmações I, III e IV estão corretas.
   d) As afirmações II, III e IV estão corretas.
   e) Todas as afirmações estão corretas.

5. Considere as seguintes afirmações sobre o processo e as instituições responsáveis pela outorga da radiodifusão no Brasil:
   I) A Agência Nacional de Telecomunicações (Anatel) é uma agência reguladora que atua no setor de radiodifusão, fiscalizando e regulando o setor no país.

II) O Ministério da Ciência, Tecnologia, Inovações e Comunicações (MCTIC) e a Presidência da República, na figura da Casa Civil, são instâncias que desempenham um papel importante na concessão do uso de rádios e TVs.

III) As tramitações de outorgas incluem quatro modalidades: comerciais, públicas, educativas e comunitárias.

IV) As outorgas comerciais, do ponto de vista do trâmite, devem partir da entidade ou empresa, que busca no governo a abertura de um edital para prestação de serviços locais.

V) As rádios comunitárias são abarcadas por uma legislação específica e diferente da aplicada às rádios comerciais.

Agora, assinale a opção correta:

a) Somente as afirmações I, II e V estão corretas.
b) Somente as afirmações II, III e V estão corretas.
c) Somente as afirmações I, III e V estão corretas.
d) Somente as afirmações I, II, IV e V estão corretas.
e) Todas as afirmações estão corretas.

Atividades de aprendizagem

Questões para reflexão

1. Discorra sobre o processo de outorga da radiodifusão e sobre quem detém o direito ao espectro aéreo.

2. Escreva um texto no qual você discuta a quebra de paradigma em relação à informação promovida pelo advento da Lei de Acesso à Informação (LAI).

Atividade aplicada: prática

1. Comunicação pública ou canal estatal? Você já parou para pensar que existe uma diferença fundamental entre essas duas categorias? O direito à comunicação parte do princípio de que a população terá a oportunidade de definir uma programação e ter acesso a um conteúdo de qualidade de forma gratuita, isso, contudo, sem as amarras do governo ou qualquer intervenção do Estado ou do mercado. Assista a um programa no canal de uma instituição pública, como Senado, Câmara ou canais estatais, analise sua linha editorial e o conteúdo apresentado e reflita se o programa retrata questões e necessidades da sociedade, se recorre à publicidade e veicula mensagens de órgãos públicos.

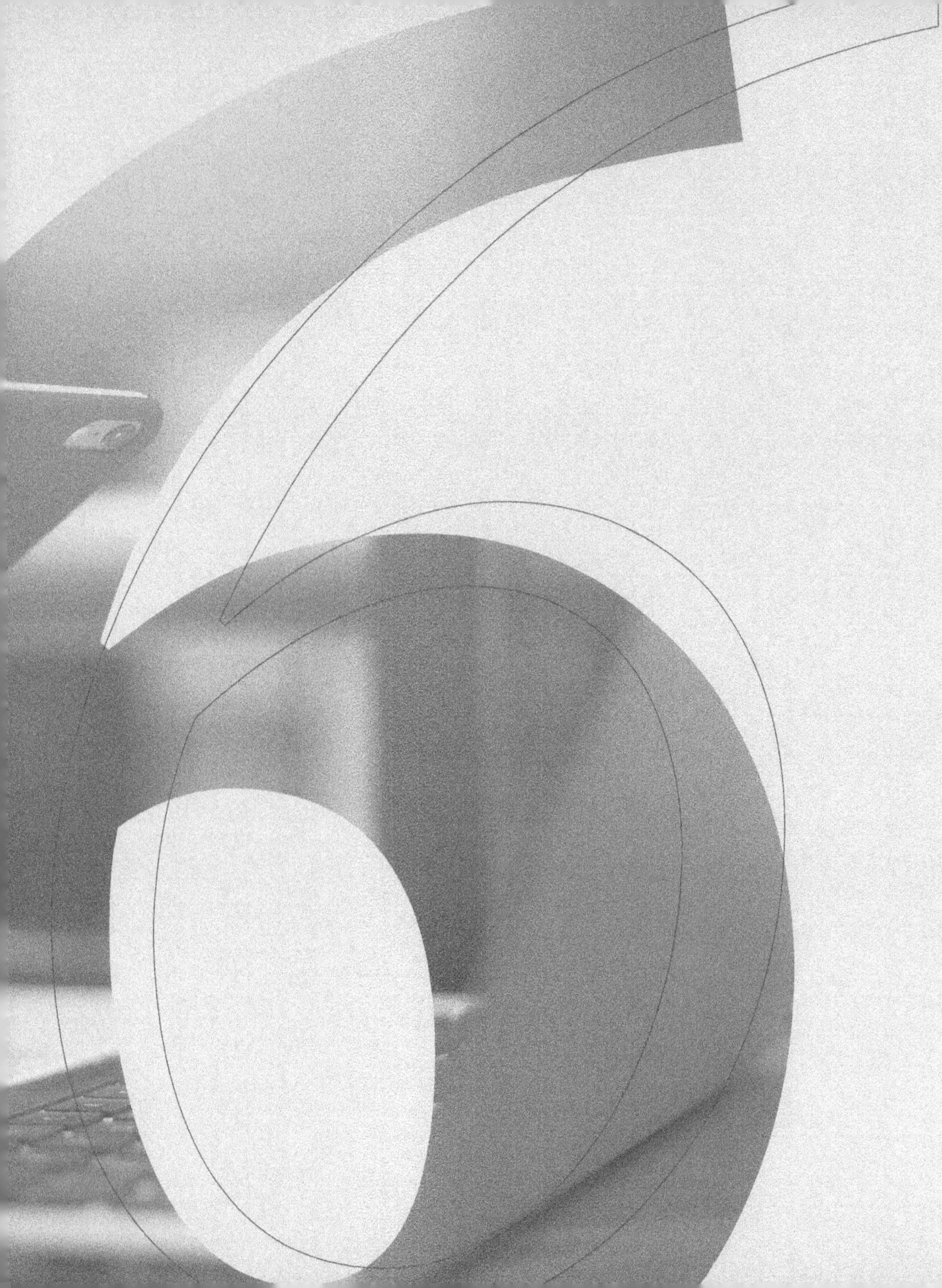
6

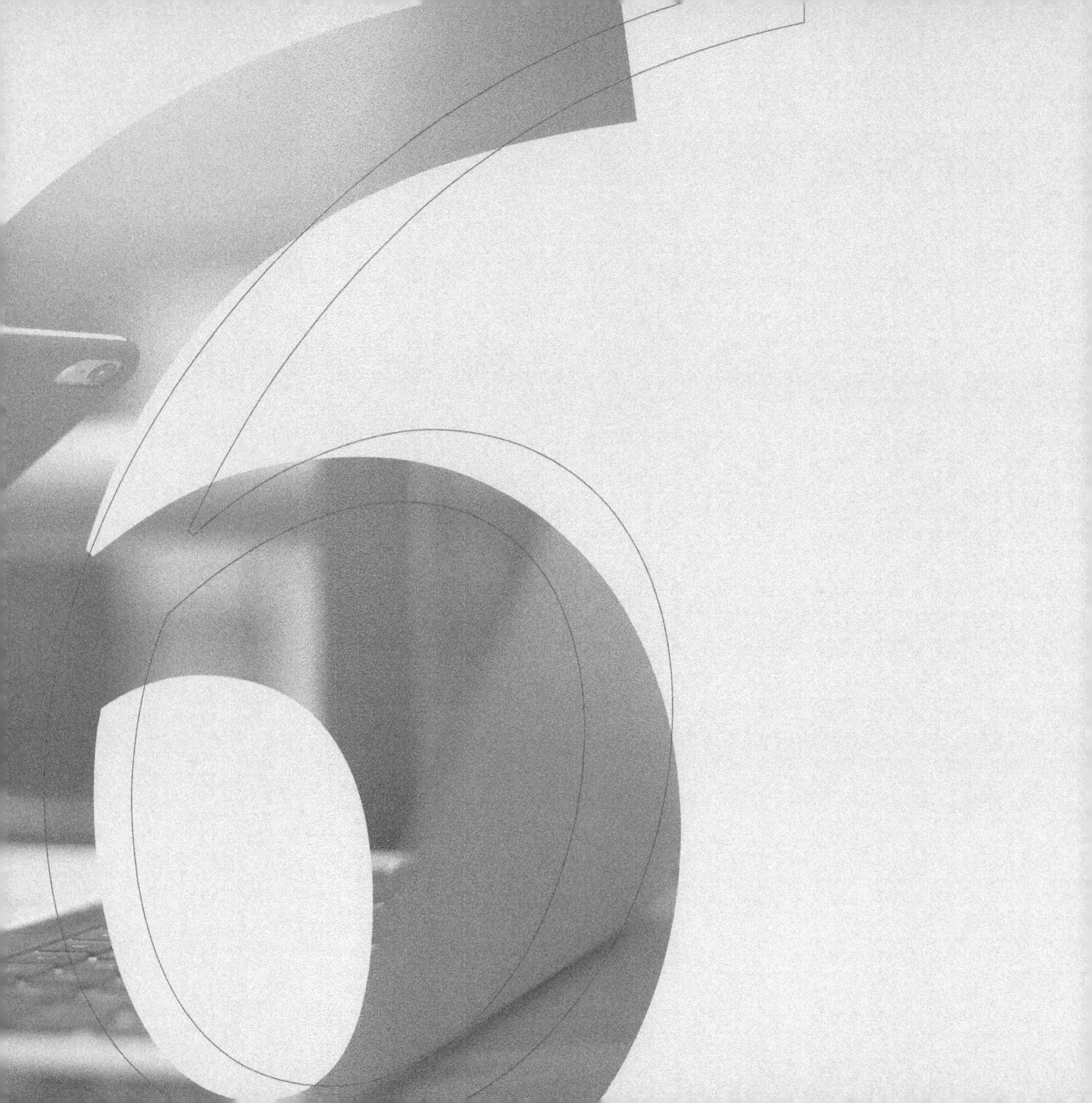

Tendências na comunicação

João Figueira

Somos inundados de informação, mas famintos de sabedoria.
Zygmunt Bauman

Neste capítulo, vamos analisar as transformações operadas no campo da comunicação e o impacto que elas provocaram nos processos de produção e acesso à informação. Veremos que a mudança de paradigma na comunicação implica um renovado debate em torno das práticas jornalísticas, da liberdade de informação e de expressão e do papel e da responsabilidade dos cidadãos nos processos de construção e propagação de informação. Com base em quadros teóricos e científicos, buscaremos discutir os fenômenos de manipulação e desinformação praticados segundo novos modelos de comunicação. Também vamos propor uma reflexão crítica sobre o papel da mídia nas sociedades contemporâneas, examinando os limites e desafios do novo quadro tecnológico e cultural, bem como as responsabilidades que cabem, nesse contexto, aos cidadãos no âmbito do complexo processo de construção e aprofundamento da cidadania e do jogo democrático.

6.1 A informação mutante

Vivemos tempos confusos e você já deve ter se perguntado muitas vezes acerca da credibilidade atual da informação. Mesmo fazendo um esforço para deixarmos de lado nossas opções políticas e ideológicas, podemos afirmar que os atuais tempos da política e do jornalismo nos oferecem exemplos diários que confirmam essa ideia de confusão.

De fato, vemos e ouvimos políticos atacarem fortemente a mídia, descredibilizando-a. Vemos a mídia (ou parte dela) criticar e pôr em causa a ação e a verdade das afirmações que esses mesmos políticos proclamam. Afinal, perguntará você, meio desconfiado e provavelmente também um pouco desorientado: Será que os políticos, que são eleitos com nosso voto, nos enganam? Será que a mídia, que emergiu e se fortaleceu, ajudando a fortalecer a democracia, e que tem na verdade um de seus pilares essenciais, engana suas audiências? Em quem acreditar e por quê?

Eis o primeiro esclarecimento que importa fazer para que você saiba a que nos referimos aqui quando falamos em *informação*: trata-se da informação jornalística, das notícias e reportagens feitas por profissionais e publicadas, independentemente da plataforma ou do suporte (papel ou digital), por órgãos de comunicação legalmente reconhecidos, institucionalizados. Queremos com isso estabelecer uma fronteira entre o jornalismo praticado por profissionais credenciados e preparados para exercê-lo e aqueles cidadãos e cidadãs que se entretêm nas redes sociais e se dedicam a enchê-las com bobagens, boatos e invenções, a atacar pessoas de quem não gostam e a partilhar todo tipo de lixo disfarçado de informação que povoa hoje aquilo a que chamamos *ecossistema midiático*.

Os jornalistas têm deveres éticos e deontológicos para com as audiências que os leem, escutam ou veem. O cidadão anônimo não está obrigado ao cumprimento de quaisquer regras e, muitas vezes, nem as regras da boa educação ele é capaz de respeitar. Aqui começa, pois, o grande desafio e o grande problema da comunicação e da informação nos dias atuais. Na verdade, muitas vezes nos esquecemos de que vivemos tempos de grande mudança e transformação. Talvez você sinta isso em seu trabalho e no mercado de emprego, nos quais tanta coisa e tantas práticas e regras estão se alterando em um ritmo intenso. Pois bem, no mundo da comunicação e da informação está ocorrendo a maior revolução desde que o alemão Gutenberg, no século XV, inventou a prensa de tipos móveis, dando origem à tipografia.

Até poucos anos atrás, o monopólio da produção e distribuição de informação em larga escala estava na posse do jornalismo ou, dizendo de outra maneira, na esfera de ação das empresas jornalísticas. Hoje, como sabemos, qualquer pessoa com um computador ligado à internet tem um poder semelhante ao de qualquer mída. Existem, aliás, muitos blogueiros e influenciadores digitais com mais audiência e influência que muitas empresas de mídia. Voltaremos mais adiante a esse tópico.

Neste ponto de nossa discussão, é importante explicitar duas ideias centrais que caracterizam o cenário comunicacional: (1) a mudança no paradigma da comunicação alterou as regras da informação e (2) o novo paradigma aumentou a competição pela economia da atenção.

Com a mudança do paradigma da comunicação de massas (um para muitos) para o atual modelo da comunicação em rede (todos comunicam com todos), que o sociólogo espanhol Manuel Castells (1942-) discute em sua obra *A sociedade em rede* (2002) e cujas reflexões são posteriormente atualizadas em *Redes de indignação e esperança* (2017), não foi apenas a vida de cada um de nós que se transformou – também as relações em sociedade, no trabalho e no acesso ao conhecimento e à partilha de informações sofreram transformações. Cada um de nós deixou, potencialmente, de ser apenas um consumidor de informação. Agora, todos consumimos e produzimos conteúdos ao mesmo tempo. Assim, a previsão que o escritor estadunidense Alvin Toffler (1928-2016) fez na década de 1980, quando criou o neologismo *prosumers,* juntando em uma mesma palavra as noções de produtor e de consumidor que hoje todos colocamos em prática de forma vulgar e espontânea, agora é uma característica das sociedades contemporâneas.

Tudo isso seria impossível sem as atuais possibilidades tecnológicas, as quais não apenas reduzem nossa percepção acerca do tempo e do espaço (e permitiram o acesso mais rápido à informação), mas também nos expõem a um vasto e variado conjunto de dispositivos e mensagens que a todo o tempo disputam nossa atenção. Já não somos nós que procuramos a informação, é esta que vem ao nosso encontro.

Isso já sucedeu com você, caro leitor? Quantas vezes você foi em busca de uma informação e, de repente, seu computador foi invadido por outras informações que disputaram sua atenção? Hoje, todas as nossas atividades, seja no celular, seja no computador, são monitoradas e depois transformadas em valor. Mesmo nosso comportamento nas redes sociais ou nos *sites* que visitamos, tudo é seguido e armazenado, de forma que um complexo jogo de algoritmos, com base nas preferências que demonstramos por meio de nossas atitudes e do tipo de comentários que fazemos, nos condicione e conduza segundo o que as fórmulas matemáticas entendem que são nossos interesses (Pariser, 2012).

Parece que deixamos de ter vontade própria ou que a delegamos a terceiros, que, vigilantes e a distância, demonstram saber e conhecer mais sobre nós do que nós mesmos. Podemos considerar que nunca foi tão atual o livro *1984*, de George Orwell, editado em 1949, na passagem em que se afirma que "O irmão mais velho vigia-te". Não deixa de ser irônico que essa notável alegoria sobre o sistema de fiscalização e vigilância, que durante décadas foi interpretada como uma crítica ao totalitarismo, possa hoje ser vista como uma (re)interpretação do modo de vida atual do capitalismo e neoliberalismo vigentes.

"Lá está ele a meter outra vez política no texto", dirá o caro leitor, que poderia estar à espera de uma impossibilidade: desligarmos a política desta conversa que pretende discutir quais as novas tendências na comunicação e na informação e, sobretudo, como a tecnologia e o mundo digital mudaram profundamente nossa vida e o mundo que até então conhecíamos.

6.2 Todos comunicam, mas todos informam?

Como mencionamos, quando falamos em *informação*, estamos nos referindo a uma prática jornalística profissional. Assim é, com efeito. Contudo, não podemos deixar de discutir os diversos contextos em que hoje essa expressão se materializa no cotidiano comunicacional. Se até recentemente a palavra *informação* era quase invariavelmente ligada ou relacionada ao exercício do jornalismo, agora isso já não ocorre.

A predominância de um modelo híbrido de comunicação em que a informação é produzida e posta a circular pelos diversos intervenientes que interagem nos processos de comunicação, em que esta se realiza tanto de baixo para cima como em sentido inverso (Jenkins; Ford; Green, 2013), especialmente nos ambientes digitais, faz com que o conceito de informação conquiste um território de afirmação e uso que vai muito além das fronteiras do jornalismo. Esse uso indiferenciado e abrangente da expressão *informação*, que implica agora que lhe associemos a palavra *jornalística* para especificar quando nos referimos a esse campo estrito da comunicação, suscita naturais e evidentes equívocos e ambiguidades entre os não especialistas.

> A informação deixou, pois, de ser um processo e uma atividade unicamente exercidos por profissionais. Qualquer cidadão armado com seu teclado e conectado à internet tem um poder idêntico ao da mídia para produzir informação e introduzi-la no ecossistema midiático. Como cada um pode interferir ou participar ativamente nos processos de disseminação dessa mesma informação, em especial por meio das mídias sociais, isso significa que os milhões de usuários que exercem seu poder de afirmação têm uma força desmesurada em face da mídia. Esta, ao contrário do cidadão anônimo, está sujeita a uma série de regras e leis que regulam seu funcionamento.

Aparentemente, argumentará você que ainda me segue nesta leitura, estamos diante de níveis diferentes do uso da liberdade de expressão e de opinião. Se a mídia, em virtude das normas reguladoras de cada país, tem sua prática regulada e os jornalistas devem obediência a seus códigos de conduta e deontológicos, o cidadão, ao contrário, não tem sua ação individual limitada por qualquer determinação que não seja a da responsabilidade civil ou criminal. Em outras palavras, qualquer pessoa pode postar livremente o que bem entender nas mídias sociais, em um *blog* ou *site*, porque ninguém pode vir cobrar o que quer que seja. É verdade: há nessa ampla liberdade de ação uma espécie de impunidade.

Para refletir
Para não darmos um exemplo fácil ligado à política, vamos nos lembrar, caro leitor, das invenções e da desinformação a que assistimos durante a pandemia de coronavírus. Houve de tudo: desde montagem de imagens em que apareciam os vagões de um comboio transportando covid-19 até mensagens em que se aconselhavam a ingestão de água e o gargarejo com sal e vinagre como forma de combater o vírus, conteúdos estes falsos, porém partilhados como se fossem verdadeiros.

> Paralelamente, a internet personalizada, que agora segmenta públicos e todo tipo de preferência, cria bolhas que visam, no fundo, reforçar as convicções de cada um. Foi, aliás, essa capacidade de identificar perfis individuais associados ao consumo e às preferências de cada um que permitiu à empresa britânica Cambridge Analytica interferir nas opções dos cidadãos durante as eleições presidenciais estadunidenses de 2016 e no Brexit (processo de decisão sobre a saída da Grã-Bretanha da União Europeia) em 2019.

Vivemos tempos instáveis e, por isso, imprevisíveis. Provavelmente, você já ouviu a expressão *sociedade líquida*, formulada por um sociólogo nascido na Polônia, mas que desenvolveu grande parte de sua atividade no Reino Unido. Zygmunt Bauman (1925-2017) criou o conceito de *modernidade líquida*, em referência às mudanças constantes que ocorrem nas sociedades contemporâneas, nas quais a estabilização e a consolidação das relações econômicas, sociais e de produção são voláteis, fugazes e maleáveis como os líquidos. É esse cenário de mutação constante, acelerada agora ainda mais pelas tecnologias de comunicação e de informação, que caracteriza em boa parte a instabilidade dos tempos atuais.

Estamos, portanto, vivendo tempos novos e mutantes, que o sociólogo e filósofo francês nascido na Tunísia, Pierre Lévy (1956-), antecipava, no início deste século, como a desrealização do mundo que estava a caminho (Lévy, 2000). Aquilo que até recentemente era visto como uma tendência na comunicação é nosso tempo presente – confuso, incerto, complexo, imprevisível e veloz, mas também cheio de desafios, limitações, riscos e oportunidades. E isso em todos os níveis, incluindo o da publicidade, que a tecnologia permite que hoje invada nossa esfera pessoal e privada mais do que nunca.

O sociólogo inglês Anthony Giddens (1938-) conta, em seu livro *O mundo na era da globalização* (2010), a história de uma amiga sua, antropóloga e estudiosa da vida de algumas comunidades das zonas remotas da África Central. Desejosa de aprofundar seus conhecimentos acerca dos hábitos, da rotina e do cotidiano das populações isoladas dessas aldeias, partiu até onde se situavam essas comunidades para lá passar uns dias. Estava entusiasmada com a ideia de poder descobrir como aquelas pessoas, isoladas do mundo, passavam o tempo. Surpreendentemente, na primeira noite, assistiu ao filme *Instinto selvagem* (com Michael Douglas e Sharon Stone), que ainda não tinha sequer estreado em Londres.

Esse caso mostra o mundo em mudança em que vivemos, no qual a comunicação e o acesso à informação tendem a ser globais e os líderes políticos, de que Donald Trump e Jair Bolsonaro constituem exemplos marcantes, já não dependem, como antes, da mídia para se dirigirem a seus concidadãos e optam por fazê-lo por meios próprios, usando as redes sociais sem as perguntas incômodas dos jornalistas (Figueira, 2019).

Em síntese, o que mudou na comunicação? Que novo poder os cidadãos têm agora? Vejamos:
- Tudo mudou com o digital.
- Já não precisamos procurar informação, pois agora ela nos procura.
- Todos somos produtores e consumidores (*prosumers*) de informação.
- Um cidadão pode competir com qualquer mídia.
- A informação jornalística tem exigências éticas próprias.
- Ocorreu a desmaterialização da comunicação e da informação.

É, pois, nesse quadro comunicacional que nos encontramos: todos aqueles que hoje estão praticando o teletrabalho conhecem bem essa nova realidade. Porém, o foco aqui é a comunicação e a produção de conteúdos, tanto no domínio do jornalismo como na esfera dos cidadãos. Nesse sentido, importa discutir como devemos olhar para o ecossistema midiático contemporâneo, no qual as redes digitais e as mídias sociais têm um grande protagonismo.

6.3 Mídias sociais: e nossa vida mudou

Longe vão os tempos em que a notícia da morte de São Francisco Xavier (1506-1552)[1] demorou três anos para chegar de Malaca a Roma. Hoje, a comunicação é instantânea e as organizações (empresariais ou de outra natureza) sabem tudo acerca de nós, com base nos consumos e nos gestos comunicacionais

---

1 Cofundador da Companhia de Jesus, foi um missionário do padroado português. Ficou conhecido pelo epíteto de Apóstolo do Oriente, em razão não apenas dos anos que passou naquela região do globo, mas sobretudo pelo elevado número de pessoas que converteu ao cristianismo. Faleceu em 1552, tendo ficado temporariamente sepultado em Malaca, importante bastião do cristianismo no Extremo Oriente à época.

que fazemos por meio da rede. Mesmo os conteúdos que produzimos e partilhamos não escapam a esse escrutínio. Isso porque, se, como afirma Recuero (2009), as redes dizem respeito ao conjunto dos atores e suas conexões, o que significa que ninguém fica de fora, isto é, todos os comportamentos, as tomadas de posição e de opinião, todas as partilhas, tudo mesmo representa informação que tem valor para alguém. E essa informação sobre cada um somos nós próprios que, de forma voluntária e disponível, fornecemos no uso cotidiano que fazemos das mídias sociais. Mas vamos por partes, começando por explicitar alguns conceitos:

- **Redes sociais** – O foco é a interação entre pessoas que compartilham valores e ideias semelhantes.
- **Mídias sociais** – Podem ser utilizadas como mecanismo de interação entre as pessoas com o objetivo de compartilhar conteúdos e informações e como veículo de divulgação de um produto. Além das relações pessoais que estão implícitas nesses instrumentos de comunicação, permitem a interação entre empresas ou entre pessoas e empresas, ou seja, relações comerciais. Em síntese, toda rede social é uma mídia social, mas o inverso não é verdadeiro.

É possível identificar quatro tipos diferentes de rede social:

- **Rede social profissional** – A principal é o LinkedIn. Nela e por meio dela, os usuários disponibilizam seus currículos e publicam conteúdos e investigações sobre as respectivas áreas de trabalho ou de ação. Possibilita, ainda, que as empresas descubram e recrutem talentos.
- **Rede social de nicho** – Como sua designação indica, implica a segmentação dos públicos. Em regra, essa segmentação resulta da área temática ou especializada da respectiva rede. A Trippics e a Travel Friendz, no domínio de viagens, ou a Fork e a TripAdvisor, no campo de restauração, turismo e viagens, são alguns exemplos.
- **Rede social de relacionamento** – Visa aproximar pessoas e criar relações ou laços entre pessoas. É utilizada também para reencontrar amigos e familiares, manter contatos com colegas e iniciar relacionamentos amorosos. O Facebook, o Tinder e o Badoo integram esse grupo.

- **Rede social de entretenimento** – O principal objetivo é a divulgação de conteúdos, independentemente dos relacionamentos que possa gerar. O YouTube é o melhor exemplo.

Vejamos, no Quadro 6.1, quando surgiram algumas das principais redes sociais e quais são suas características.

Quadro 6.1 – Redes sociais e seu protagonismo

2002	**Friendster**: considerada a primeira rede social. **Fotolog**: plataforma que tinha como foco a publicação de fotografias.
2003	**MySpace**: rede interativa entre amigos, perfis pessoais, fotos e músicas. **LinkedIn**: principal rede social de caráter profissional.
2004	**Flickr**: rede social voltada para aqueles que gostam de compartilhar fotografias. **Orkut**: mais popular entre os brasileiros até 2011, ano em que foi ultrapassada pelo Facebook. **Facebook**: rede social mais popular do mundo.
2006	**Twitter**: *microblog* que permite publicações de até 140 caracteres. Foi com ele que emergiram as *hashtags*.
2009	**WhatsApp**: partilha de texto e de imagem (fotos e vídeos) e possibilidade de diálogo em tempo real.
2010	**Instagram**: rede que permite aos usuários publicar e comentar fotografias.
2011	**Google+**: propriedade da Google e que vinculava seus usuários a essa rede. Não está mais ativo desde 2018. **Snapchat**: aplicativo que permite aos usuários tirar fotos e gravar vídeos, inserir textos e desenhos. Sua principal característica é apagar os conteúdos depois de terem sido vistos e/ou de ter expirado seu tempo de validade; os vídeos têm a duração de 10 segundos.

A conexão entre pessoas e a partilha de conteúdos constituem elementos estruturantes das redes e, por extensão, das mídias sociais. Essas estruturas não só viabilizam a comunicação e as conexões entre pessoas e grupos sociais, mas também potencializam o exercício da política e relacionamentos de ordem comercial. Seu perfil de atuação e seus objetivos são, no entanto, muito diversos, como mostra o Quadro 6.2.

Quadro 6.2 – Diversidade de redes sociais

Rede social	Características
Facebook	Publicação de conteúdos e interação entre pessoas e grupos.
YouTube	Publicação e partilha de vídeos.
WhatsApp	Envio de mensagens instantâneas e chamadas de voz.
LinkedIn	Partilha de conteúdos e expansão de contatos profissionais.
Twitter	Partilha de publicações curtas, designadas como *tweets*.
Pinterest	Partilha de fotos.
Skype	Chamada de voz e vídeo.
Instagram	Partilha de fotos e vídeos, mas com possibilidade de juntar texto.
Messenger	Envio de mensagens instantâneas.
Snapchat	Partilha de vídeos curtos, de no máximo 10 segundos.
Flickr	Partilha de imagens, com a possibilidade de organizá-las.
Tumblr	Partilha de pequenas publicações, como textos, imagens, *links* e conteúdos de áudio.
Tinder e Badoo	Relacionamentos amorosos.

Olhando para aquilo que as redes trouxeram para nossa vida, podemos sempre observá-las segundo o velho critério da garrafa meio cheia ou meio vazia. Depende da perspectiva de cada um e, sobretudo, daquilo que cada um mais privilegia:

- Se, por um lado, as redes têm a vantagem de aproximar pessoas e estreitar relacionamentos, o reverso da moeda é a diminuição do nível de privacidade.
- Se na garrafa meio cheia nós considerarmos que as redes permitem mais facilmente a organização e divulgação de eventos (podendo-se, inclusive, enviar convites), a garrafa meio vazia alerta que elas são um instrumento e veículo de propagação de notícias falsas (*fake news*).
- Se as redes têm a vantagem de rapidamente possibilitar a mobilização de pessoas para uma manifestação, elas apresentam a desvantagem de qualquer um poder criar um perfil falso e usá-lo para fins xenófobos, racistas ou outros igualmente condenáveis.
- Se, por um lado, a comunicação é rápida e instantânea, por outro, causa grande dependência, o que transforma suas vantagens em uma doença, em consequência do excesso de uso.

Independentemente do modo como olhemos para esses aspectos e as vantagens ou desvantagens no uso das mídias sociais, a verdade é que vivemos em uma sociedade inteiramente conectada, capaz de produzir e fazer circular conhecimento e informação de forma instantânea e permanente. Os cidadãos de nosso tempo vivem obcecados e fascinados por esse admirável mundo novo que lhes permite alcançar de forma exponencial toda a informação que desejam. É como se tudo, o presente e o futuro, estivesse ali, ao alcance de um simples clique.

Para refletir

A interatividade que a *web* 2.0 proporciona é uma imensa autoestrada na qual podemos dar ou buscar informação, incluindo a que nos é mais pessoal ou íntima. Quer um exemplo? Mais de 150 milhões de cidadãos, até dezembro de 2019, tinham disponibilizado livremente seus dados e suas fotos à empresa russa Wireless Lab, sediada em São Petersburgo, proprietária do aplicativo FaceApp, por meio do qual é possível antecipar a imagem envelhecida de uma pessoa.

> Cada uma dessas pessoas, de forma livre e individual, de uma maneira quase automática, abriu mão de sua privacidade. O velho álbum familiar de fotos e as conversas antes tidas apenas com os amigos mais próximos são agora partilhados e escancarados publicamente, sem pudor e com vaidade. Soma-se a desvantagem de que agora, com as imagens e com aquilo que pensamos, há um *big brother* qualquer instalado em um dos grandes agregadores de dados – Amazon ou Google –, o qual nos vigia durante 24 horas para ficar a par de todos os nossos hábitos e consumos e depois transformá-los em negócio.

6.4 A opinião do ignorante e a do Prêmio Nobel

As mídias sociais mudaram nossa vida e nossos hábitos, assim como a ânsia de protagonismo. Na verdade, se cada um pode dizer e publicar o que deseja, independentemente de ter conhecimento ou preparação, isso significa que, teoricamente, todas as opiniões estão em pé de igualdade, ou seja, valem a mesma coisa. No limite, pode-se até publicar o maior boato ou falsidade.

Foi nesse contexto que o escritor e filósofo italiano Umberto Eco (1932-2016)[2] afirmou em 2015, na Universidade de Turim, quando esta o distinguiu com o título de doutor *honoris causa* em Comunicação e Cultura, que as redes sociais, ao darem voz aos imbecis, promoveram o imbecil da aldeia a detentor da verdade, ou seja, a palavra do ignorante vale tanto quanto a do Prêmio Nobel.

Todas essas facilidades na comunicação viabilizadas pela revolução digital favorecem a liberdade de opinião e de informação ao possibilitar que uma maior quantidade e diversidade de vozes possam exprimir-se. Ao mesmo tempo, no entanto, essa vantagem tem correspondido a uma crescente fragilidade da mídia como poder vigilante (*watchdog*), no sentido de que esta vem enfraquecendo sua função de instrumento de escrutínio dos poderes públicos em virtude de sua perda de centralidade como

---

2 As declarações de Umberto Eco foram amplamente divulgadas por uma notícia publicada pela principal agência de notícias italiana, a Agenzia Nazionale Stampa Associata (Ansa), que cobriu o acontecimento (Angotti, 2015).

instância informativa e noticiosa. Vamos tratar disso mais adiante. Para já e com base no que afirmamos, vamos sintetizar em seis grandes ideias o uso e o protagonismo das mídias sociais:
1. Fazem parte do cotidiano dos cidadãos.
2. Democratizaram o acesso à palavra e ao espaço público midiatizado.
3. São a principal porta de acesso dos cidadãos à informação.
4. Ao não estabelecerem qualquer tipo de filtro para a produção e propagação das opiniões, colocam todos os cidadãos no mesmo nível: especialistas e leigos.
5. São o destino privilegiado dos fluxos publicitários.
6. São o principal meio de circulação de boatos e rumores.

Em razão de seu protagonismo e presença nas mídias sociais, vamos dedicar alguma atenção ao sexto ponto mencionado, cuja relevância não pode desvincular-se dos seguintes aspectos ou pressupostos:

- A democratização operada no campo da comunicação, em consequência das vantagens introduzidas pela tecnologia, proporcionou o desenvolvimento de uma tendência conhecida como *viralização de conteúdos*.
- Conseguir que textos e/ou imagens sejam partilhados e espalhados em larga escala passou a ser um objetivo pessoal.
- Uma das consequências dessa tendência é a criação e difusão de conteúdos falsos.
- A viralização de notícias falsas, hoje tão comum no campo da política, implica uma atitude de adesão ou de aprovação dos respectivos conteúdos.
- O primeiro gesto em todo esse processo é a expressão de um *like* (gosto). Esse comportamento, segundo a generalidade dos estudos, melhora a autoestima do usuário e o faz se sentir bem, o que impele as pessoas a participar de um processo em que todos são cúmplices na propagação da mesma falsidade.

Essa facilidade de dizer o que se pensa e o fato de que aquilo que se diz possa ser escutado ou acessado por uma quantidade infinita de pessoas que, por sua vez, podem amplificar essas ideias por meio dos mecanismos de partilha que estão ao seu alcance não apenas transformaram os processos de comunicação, como também retiraram dos indivíduos a capacidade de selecionar o mais importante.

O ato de espalhar ou até modificar conteúdos insere-se nesse movimento de comunicação em cadeia e sem regras, o qual caracteriza o ambiente digital vigente, com claras e evidentes repercussões na informação jornalística, que não passa incólume perante essa onda avassaladora. Trataremos detalhadamente desses aspectos mais à frente, quando discutirmos as *fake news*.

A Figura 6.1 é um exemplo dessa modificação ou manipulação de conteúdos. As imagens foram divulgadas em 10 de julho de 2008, no *site* Sepah News, a serviço da Guarda Revolucionária do Irã. A foto à direita (original) retrata o lançamento de três mísseis no Irã, em um exercício militar. A foto à esquerda, como resultado de uma alteração, mostra um míssil a mais, supostamente com a intenção de encobrir uma falha no lançamento do quarto foguete.

Figura 6.1 – Exemplo de imagem manipulada

Nesse jogo de partilha de conteúdos, é importante ter presente a ideia de recompensa social imediata que os *likes* oferecem àqueles que os recebem. Para muitos, é como se estivessem em uma espécie de competição, cuja ganância pela partilha de conteúdos virais os leva a participar ativamente desse jogo, sem se preocuparem com a veracidade ou a autenticidade das informações que difundem e propagam.

6.5 Fidelização às redes sociais

Hoje, milhões de pessoas, em todo o mundo, usam e abusam das mídias sociais, respiram e vivem nelas e por intermédio delas. As redes são o centro de sua vida, assim como são nucleares nas ações e nas atividades de empresas e marcas.

Diversas pesquisas mostram que uma porcentagem crescente de pessoas (em muitos países da Europa, nos Estados Unidos e no Brasil[3]) tem acesso a informações por intermédio das mídias sociais. Um estudo feito pela empresa estadunidense Comscore e publicado em dezembro de 2019 revela que cada usuário brasileiro passa 1 hora e 22 minutos por dia em redes sociais como Facebook, Twitter e Instagram. O mesmo estudo informa, ainda, que as pessoas que afirmaram serem influenciadas em suas compras pela opinião de celebridades gastam cerca de 17 horas por mês nas mídias sociais. Porém, quando comparamos esses números com os dados, também de 2019, publicados pelo *site* estadunidense FameMass, que estuda o comportamento global dos cidadãos com as redes sociais, verificamos que o Brasil surge em segundo lugar (atrás das Filipinas) no consumo mundial de mídias sociais, com uma média diária de 3 horas e 45 minutos[4].

Qualquer que seja o estudo mais próximo da realidade, isso não deixa de ser muito significativo no que diz respeito ao relacionamento diário do cidadão brasileiro com as mídias sociais. Estas, ainda com o Facebook na liderança (embora a perder terreno), são hoje a ágora grega dos tempos modernos, onde passamos uma parte substancial de nosso tempo comunicando, acessando e compartilhando informações, muitas delas falsas.

---

3   Um estudo do Digital News Report, do Reuters Institute, publicado em 2019, mostra que o cidadão brasileiro é um grande leitor de mídias sociais: 64% dos que as utilizam informam-se por meio delas. WhatsApp e Facebook, empatados, são as redes mais utilizadas. Se somarmos os que leem notícias *on-line*, a porcentagem sobe para 87%. Uma pesquisa feita pela Câmara dos Deputados e pelo Senado e publicada em dezembro de 2019 revela que o WhatsApp é a principal mídia social por meio da qual os brasileiros se informam. YouTube (49%) e Facebook (44%) completam o *ranking*.

4   Os dados referentes ao Brasil estão publicados em vários órgãos especializados. Uma vez que o sítio da ComScore onde está o relatório não é de acesso aberto, os dados podem ser consultados no seguinte site: <https://exame.com/tecnologia/brasileiros-gastam-quase-duas-horas-por-dia-em-redes-sociais/>. Acesso em: 5 fev. 2021.

Como as pessoas passaram a estar e a (con)viver no mundo digital, a publicidade e os interesses de marcas e produtos vão atrás delas. O protagonismo crescente das mídias sociais em nível global é tão evidente que o volume de negócios com a publicidade tem aumentado substancialmente e de forma sustentada nos últimos anos. As grandes fatias publicitárias, outrora canalizadas para a mídia tradicional, são agora investidas nas mídias sociais e no Google[5].

Esse aspecto acelerou o ambiente de crise da mídia convencional, isto é, o jornalismo, que há alguns anos enfrenta desafios e concorrentes como nunca teve. Como se sabe, hoje, o jornalismo concorre com outros atores e dispositivos de comunicação e informação que, com ele, povoam a atual paisagem midiática. Ora, quando as fronteiras entre a produção de notícias e a criação e partilha de informações ficam crescentemente mais tênues e menos rígidas em consequência da abolição de obstáculos que conduzem a uma miscigenação de gêneros, isso significa que a percepção sobre o protagonismo e a importância do jornalismo nas sociedades contemporâneas está claramente perdendo terreno.

Em sentido oposto vão as mídias sociais, cuja presença e protagonismo na vida dos cidadãos são cada vez maiores, por meio da fidelização às redes que facilitam o atendimento a seus interesses, como:

- acesso a canais especializados de *youtubers*;
- comunicação de marcas, usos e consumos por meio de Instagram e Facebook;
- acesso à informação e comunicação interpessoal realizada por meio das redes sociais, sobretudo Facebook, Instagram e WhatsApp;
- uso do Twitter para acessar informação rápida, especializada e do interesse de cada um.

Soma-se a isso o fato de que a autonomia que essas redes proporcionam para a comunicação e a conectividade entre as pessoas potencializa esse crescimento e a popularidade de seu uso generalizado. Atualmente, os políticos estão entre os atores sociais que melhor usam as mídias sociais, no sentido de que as utilizam de modo estratégico.

---

5   As receitas publicitárias de Facebook, Twitter, LinkedIn e Snapchat, só nos Estados Unidos, representam 70% do total das receitas verificadas no digital. Em 2018, o valor ultrapassou 20 milhões de dólares, o que correspondeu a um aumento, em três anos, superior a 100%. Google e Facebook, por sua vez, concentram 86% das receitas mundiais em publicidade.

Diante disso, perguntamos: Como você, leitor, reage às comunicações que o presidente do Brasil faz pelo Twitter? Você atribui mais ou menos credibilidade ao que ele diz, sem que as afirmações dele sejam escrutinadas pela mídia, ou ao que a mídia noticia sobre ele e sua ação política?

Donald Trump e Jair Bolsonaro são os líderes políticos que mais usam as redes sociais, em especial o Twitter, para propagar suas versões sobre a realidade, ao mesmo tempo que atacam frontal e despudoradamente os jornalistas e a mídia em geral. Durante o ano de 2019, em 64,5% das vezes em que o presidente brasileiro falou em *fake news*, ele o fez para atacar a imprensa, conforme a Agência Lupa (Afonso, 2019). Curiosamente, segundo dados veiculados pela plataforma Aos Fatos (2020), nos primeiros 456 dias como presidente, Bolsonaro fez 811 declarações falsas ou distorcidas.

6.6 A mentira e a natureza humana

A mentira tem a idade do ser humano. O caçador pré-histórico, para mitigar seu mau dia de caça, inventava estratagemas para esconder seu fracasso no regresso à caverna. Na segunda metade do século XIX, o naturalista inglês Henry Walter Bates (1825-1892) foi o primeiro a estudar estratégias de engano no comportamento de animais, quando observou borboletas no vale do Rio Amazonas. Para escapar ilesas às investidas dos pássaros, as engenhosas borboletas da família Pieridae passaram a voar com as da família Heliconiinae, detentoras de um sabor mais amargo ao paladar das aves e, por isso, menos apetitosas.

Uma coisa, no entanto, é iludir o inimigo, como fazem as borboletas ou os camaleões, que mudam de cor ao pressentir o perigo. Outra bem diferente é criar narrativas falsas com o propósito de enganar terceiros. Nisso o ser humano é mestre. O filósofo inglês David Livingstone Smith (1953-), diretor do Instituto de Ciência Cognitiva e Psicologia Evolutiva da Universidade da Nova Inglaterra, nos Estados Unidos, sustenta que, perante o excesso de mentira que caracteriza o homem, seria mais adequado chamá-lo de *Homo fallax* ("Homem enganador"), em vez de *Homo sapiens* ("Homem sábio").

Ora, todos nós, cidadãos, alunos, professores, médicos, jornalistas etc., somos humanos, com todas as virtudes e os defeitos de nossa natureza. Logo, somos potencialmente mentirosos. Nada de mais, caro leitor, não desanime. Repare que até a grande literatura, como a tragédia *Macbeth*, do poeta, dramaturgo e ator inglês William Shakespeare (1564-1616), mostra de forma eloquente como a mentira é parte integrante da complexidade e ambivalência do ser humano, capaz de atitudes-limite como a de matar.

Se recuarmos no tempo, até vários séculos antes de Cristo, veremos que o filósofo chinês Confúcio (551 a.C.-479 a.C.) já admitia a possibilidade da mentira, embora restrita a duas circunstâncias: na defesa da família ou do território. Caberá nessa definição o jeito enganoso de Penélope, que, na *Odisseia*, do poeta grego Homero, desfaz à noite a mortalha que meticulosamente costura durante o dia para Laertes? Pela importância e presença que tem em nossa vida, a mentira é tema de muita reflexão filosófica. O filósofo e historiador florentino Nicolau Maquiavel (1469-1527), famoso por sua obra *O príncipe* e pela circunstância de ter seu nome ligado a atitudes perversas, coloca-nos a certa altura diante de uma frase que nos deixa a mastigar em seco: "Se os homens fossem bons, tudo o que eu escrevo seria mal".

Em um ensaio sobre a mentira, o filósofo franco-magrebino Jacques Derrida (1930-2004) confronta-se com o dilema da verdade, uma vez que sem esta seria impossível escrever verdadeiramente uma história sobre a falsidade. E, embora chegue a afirmar que o ser humano moderno "respira mentira" e vive "mergulhado na mentira" (Derrida, 1996, p. 26), admite, como antes a filósofa alemã Hannah Arendt (1906-1975) já consentira em *Verdade e política*, que existem as mentiras involuntárias e, nesses casos, não havendo a intenção de enganar os outros, não se estaria mentindo. Esses exemplos não cabem naquilo que a escritora brasileira nascida na Ucrânia Clarice Lispector (1920-1977) chama de *mentiras criadoras*, das quais, a avaliar pelo que um dia o cronista brasileiro Nelson Rodrigues (1912-1980) escreveu, o público tem muita fome.

Talvez tenha sido com o intuito de saciar esse apetite público e popular que os jornais, desde seu início, tenham decidido que a mentira vende, ou ao menos capta muito a curiosidade e o interesse das pessoas. Pelo menos desde o século XVII podemos encontrar textos que acusam os jornalistas e a imprensa de mentir para que os jornais vendam mais. Em 1626, um dramaturgo inglês da época isabelina, Ben Jonson (1572-1637), pôs em cena, em Londres, uma comédia em que o protagonista (um jornalista) é satirizado por sua falta de escrúpulos e de respeito pela verdade.

> **Para saber mais**
>
> Fora dos palcos, os casos sucedem-se, um mais célebre que o outro. O exemplo mais citado no jornalismo moderno é "O grande boato da Lua". Trata-se de um conjunto de seis histórias sobre a vida na Lua que foram publicadas pelo *New York Sun* em 1835, um jornal popular direcionado à classe operária, e que à época foram um enorme sucesso de vendas (Thornton, 2000; Allcott; Gentzkow, 2017). Thornton (2000) admite, no entanto, a possibilidade de muitas das pessoas não terem se sentido enganadas pela falsidade das peças publicadas, mas terem, sobretudo, apreciado a dimensão de entretenimento e diversão dos textos e das respectivas ilustrações.
>
> Poucos anos depois, entretanto, o conflito em Cuba que opôs Estados Unidos e Espanha é ainda hoje recordado como um caso notável de manipulação da opinião pública estadunidense. Ficou célebre a frase do empresário William R. Hearst (1863-1951), dono do *New York Journal*, que, perante a informação de seu ilustrador no local de que não havia assistido ainda a qualquer conflito, lhe respondeu: "Forneça as imagens, que eu vou fornecer a guerra" (Filgueiras et al., 2018). Foi na sequência da enorme manipulação dos fatos ocorridos em Cuba que George Rea publicou o livro *Fatos e falsidades sobre Cuba* (1923), que constituiu um dos primeiros testemunhos sobre as dificuldades, manipulações e invenções observadas nas coberturas jornalísticas em teatros de guerra.

6.7 *Fake news*: a novidade de um problema antigo

A mentira sempre esteve presente na imprensa, ainda que tenha sido a partir do século XIX, com a emergência e o crescimento do setor e a introdução de novas tecnologias, que as notícias falsas se estabeleceram e passaram a ser um problema sério.

O leitor mais atento terá notado a expressão *notícias falsas*, que hoje todos substituíram por *fake news*. Na verdade, foi na chamada *fase industrial da imprensa* que a mentira se tornou uma espécie de vírus, embora tenhamos de ser justos e concordar que a mentira no jornalismo não é a regra, mas a exceção, apesar de praticada com alguma regularidade. Neste ponto, é importante esclarecer alguns conceitos e explicitar em que sentido estão sendo aqui utilizados.

As *fake news* consistem na criação ou construção de peças jornalísticas intencional e conscientemente falsas e com potencial de induzir os leitores a erro. Essas notícias são produzidas de forma deliberada com o objetivo de causar dano ou com a finalidade de obtenção de lucro (Allcott; Gentzkow, 2017). Nessa mesma linha de pensamento, há alguns autores brasileiros que preferem utilizar a expressão *notícias fraudulentas*, precisamente porque o que está em causa é a intenção de obter determinado fim político ou de outra natureza (Silva, 2017 citado por Jorge, 2019).

A intencionalidade em produzir informação falsa com o propósito de causar dano ou obter algum tipo de vantagem insere-se, segundo a perspectiva de outros autores, em processos de desinformação. Sullivan (2017) e Wardle e Derakhshan (2017) entendem que a expressão *fake news* é redutora, uma vez que é incapaz de abarcar a globalidade e a abrangência de um problema que vai muito além da mera produção de notícias falsas, visto que passou a ser instrumentalizada pelos atores políticos.

Para refletir

O fenômeno das notícias falsas é recente? E o que há de novo nele? Se o fenômeno de produzir notícias falsas é tão antigo, por que esta súbita preocupação com ele? O que há de novo nesse assunto que leva tanta gente a discutir sua presença e seus efeitos?

Pois bem, caro leitor. O fenômeno é antigo, mas hoje ele tem uma capacidade de contágio e propagação semelhante à de um vírus. Repare, aliás, que a expressão que se utiliza para fazer referência a um conteúdo que é visto e partilhado em série por meio das redes sociais é *viralizar*. A capacidade que temos atualmente de produzir e distribuir informação com a possibilidade de atingir grandes audiências indica que o potencial de divulgação e alastramento de notícias falsas não tem precedentes e é maior do que nunca (Southwell; Thorson; Sheble, 2018).

Portanto, o fenômeno é antigo, como mencionamos, mas há agora a novidade da velocidade e das proporções na construção e na propagação desregulada de notícias falsas. Os circuitos da informação e da comunicação deixaram de ser controlados unicamente pelos *media*, o que aumentou exponencialmente os riscos e as hipóteses de introdução de notícias falsas no cotidiano. Em outras palavras, o fato de podermos inserir conteúdos no espaço midiático empresta ao fenômeno antigo uma roupagem inteiramente nova e, sobretudo, preocupante, por conduzir, como assinalamos, a processos de desinformação e, em última instância, de manipulação de informação, dos quais quase todos, consciente ou inconscientemente, participamos.

Por acaso, você, caro leitor, já leu ou até recebeu – porque hoje a informação vem ao encontro de cada um, não precisamos mais procurá-la – um conteúdo e ficou surpreendido com a informação que ele veiculava, mas, mesmo assim, compartilhou o referido conteúdo, sem ter tido a preocupação de parar alguns segundos para pensar nele e, no limite, confirmar sua autenticidade?

Não precisa, se isso aconteceu com você, se sentir culpado. O importante é ficar alerta e vigilante para os riscos desse perigo que espreita e ataca a qualquer momento. Tenha sempre em mente que, no atual quadro comunicacional, as partilhas individuais de conteúdos assumem uma relevância única e sem precedentes. Por esse motivo, esse fato merece nossa maior atenção e prudência. Jenkins, Ford e Green (2013) chamam esse fenômeno de partilha em massa de *spreadability*, expressão que se refere ao ato de espalhar. E, quanto mais conteúdo se espalha, mais ele se desenvolve e cresce. O investigador brasileiro Plínio Bortolotti (Filgueiras et al., 2018) afirma com alguma ironia, a esse respeito, que o atual ecossistema midiático lembra o Brasil antes de Pedro Álvares Cabral: bastava plantar para tudo florescer.

Isso significa, portanto, que o atual cenário digital não apenas propicia o aumento da circulação de rumores e falsidades, mas também expõe os cidadãos, que, de forma crescente, usam as mídias sociais, ao consumo dessa informação não verdadeira. O fenômeno tem crescido de tal modo que, em 2017, a editora inglesa Collins elegeu como palavra do ano a expressão *fake news*. Esse aumento de consumo de informação falsa tem sido combatido por meio da criação de várias plataformas de checagem de notícias, isto é, plataformas jornalísticas cuja finalidade é observar notícias e conteúdos que circulam na mídia tradicional e nas mídias digitais com o objetivo de verificar sua veracidade e denunciar o que é falso e fraudulento.

Em 2017, ano em que a expressão *fake news* subiu 365% em seu uso, um estudo publicado pelo Duke Reporters' Lab, da Universidade de Durhan, na Carolina do Norte, nos Estados Unidos, contava 114 plataformas de checagem de fatos (*fact-checking*) em um total de 47 países. Em 2019, o número de equipamentos de checagem tinha subido para 188, em 60 países. A Ásia, com especial incidência na Índia, e a América Latina foram os locais em que o aparecimento e o crescimento de equipes especializadas em checar notícias foi mais notório, o que mostra a dimensão global do fenômeno e a necessidade de combatê-lo[6].

> No Brasil, projetos como Comprova, Aos Fatos e Lupa, que integram desde 2019 o consórcio internacional The Trust Project ("O Projeto de Confiança"), constituem bons exemplos de checagem de informação, que não se restringe ao que os líderes políticos afirmam nem ao que a mídia publica. Em face da crescente importância e do protagonismo das mídias digitais, as plataformas de checagem monitorizam minuciosamente, por meio de palavras-chave, os conteúdos, sobretudo virais, que circulam nas diversas redes sociais.

Em 2020, a plataforma digital Aos Fatos lançou uma ferramenta nova chamada *Radar*. Trata-se de um monitor de desinformação em tempo real, apoiado pela Google News Initiative, que possibilita a qualquer usuário dispor de um instrumento de verificação de conteúdos de qualidade duvidosa nas redes sociais. Ferramentas idênticas já foram introduzidas em muitas outras plataformas, que, dessa maneira, tentam minimizar os efeitos de um problema global.

---

6   Segundo dados oficiais divulgados pela Facebook, a empresa teve lucros no 1º trimestre de 2020 superiores a 4 milhões e 902 mil dólares, o que representa uma subida de quase 100% face a 2019. Dados disponíveis em: <https://s21.q4cdn.com/399680738/files/doc_financials/2020/q1/Q1'20-FB-Financial-Results-Press-Release.pdf>. Acesso em 5 fev. 2021.
A Google, por seu lado, no primeiro trimestre de 2020, segundo dados revelados à imprensa pela empresa, dos 41, 2 bilhões de faturação, 33,8 bilhões são oriundos da publicidade. Dados disponíveis em: <https://tecnoblog.net/336182/google-resultados-financeiros-primeiro-trimestre-2020/>. Acesso em: 5 fev. 2021.
Dados oficiais de abril de 2019 apontavam para que Facebook e Google dominavam 86% do mercado mundial de publicidade. Dados disponíveis em: <https://www.dinheirovivo.pt/empresas/google-e-facebook-comem-86-do-bolo-da-publicidade-mundial-12785578.html>. Acesso em: 5 fev. 2021.

6.8 O negócio da desinformação

As notícias falsas são mais que uma pandemia. Representam também um negócio florescente: pelo menos 235 milhões de dólares são gerados anualmente por meio de anúncios veiculados em *sites* extremistas e de desinformação, segundo um relatório de 2019 da Global Desinformation Index e cujos dados foram divulgados durante a Trust Conference promovida por aquela organização[7].

A produção e a difusão de informações falsas já não se restringem, como inicialmente, a um exercício ditado unicamente por crenças e gostos pessoais aliados a sentimentos de pertença a um coletivo com opiniões idênticas. Agora, também existe o propósito de um negócio, o qual, insistimos, só é rentável porque se beneficia da visualização e da interação de grandes audiências.

Contudo, não se deve retirar daqui a ideia de que todo o processo atual das *fake news* se insere ou está ligado a plataformas que, à sombra das largas audiências que têm, sentem-se motivadas a produzir continuamente informação falsa. Nada disso. Pretende-se, sim, chamar a atenção para a complexidade de um fenômeno que pode ser visto na perspectiva de ações praticadas de forma espontânea, mas sem qualquer relação com algum tipo de organização[8], podendo inserir-se em movimentos sociais (Castells, 2017) ou, ainda, assumir a forma de envolvimento com determinadas ideias ou iniciativas sociais ou políticas, mas sem o controle dessas mesmas entidades ou instituições[9].

A todos esses aspectos, centrados sobretudo na partilha de conteúdos, deve-se juntar agora a motivação econômica na produção e difusão de informações falsas, mesmo que não tenha sido esse seu objetivo inicial, uma vez que essa dimensão também passou a ser vista como uma nova oportunidade de negócio. Fica claro então, caro leitor, por que o fenômeno das notícias falsas ou fraudulentas é um assunto bem complexo e sem fim à vista?

---

7 Em 19 de novembro de 2019, Clare Melford divulgou os dados durante a Trust Conference subordinada ao tema Funding Desinformation. Disponível em: <https://www.youtube.com/watch?v=dib7L6VYw8Q&list=PLwIkkaA_TTo65YWhQspP_lypMz-fgll96&index=28&t=0s>. Acesso em: 5 fev. 2021.

8 Para mais informações sobre o assunto, consulte Bennett e Segerber (2012).

9 Sobre esse assunto, consulte Selander e Jarvenpaa (2016).

Definido e desenvolvido o conceito de *fake news*, vejamos, muito sumariamente, como Wardle e Derakhshan (2017) enriquecem o debate conceitual sobre esse fenômeno. Os autores analisam a noção de *desordem informativa*, a qual consideram mais apropriada que a de *notícias falsas*, e apontam três tipos ou níveis diferentes de desinformação:

1. **Mis-information** – Corresponde à informação falsa que é partilhada, mas sem a finalidade de provocar qualquer dano.
2. **Dis-information** – É a informação fraudulenta ou falsa partilhada com o objetivo de causar danos.
3. **Mal-information** – Trata-se de informação verdadeira, mas situada na esfera privada, cuja partilha pública tem o propósito de causar danos.

Esse quadro conceitual de Wardle e Derakhshan (2017) contempla, ainda, a coexistência de três elementos no processo de desinformação: (1) o autor/produtor do respectivo conteúdo; (2) a mensagem propriamente dita, suas características e seu conteúdo; e (3) o receptor, na perspectiva de observar como leu ou interpretou a mensagem e o que fez com ela, ou seja, que iniciativa tomou diante de sua distribuição e partilha.

Essa classificação visa, sobretudo, debruçar-se sobre os diferentes processos e motivações da desinformação no contexto midiático digital, no qual atuam diferentes atores, movidos pelos mais diversos interesses, mas todos com a mesma capacidade de propagação de conteúdos falsos. Isso reforça a ideia de que, estando ao alcance de cada um produzir conteúdos e decidir quais podem ser difundidos e partilhados, essa possibilidade deveria exigir de todos nós um sentido ético idêntico ou próximo da figura do *gatekeeping* existente nas redações.

Isso quer dizer, então, que a mídia, em face das funções de verificação e, em especial, de seleção realizada pelo respectivo *gatekeeping*, está imune à publicação de notícias falsas? Bem, sabemos que não. É certo que o problema assume as proporções alarmantes já descritas, em consequência das mídias digitais e de suas conhecidas capacidades de interação e conectividade. O jornalismo, porém, não é inocente nesse complicado processo de (des)respeito pela verdade. O contexto híbrido que marca a paisagem comunicacional e midiática na atualidade leva as mídias sociais ou digitais a influenciar fortemente o comportamento e, em certos momentos, a agenda das empresas de mídia. Nada de mais. Pior é quando o jornalismo lateraliza o jogo, "faz-que-vai-mas-não-vai", deixa de marcar o adversário em cima e permite que a mentira penetre e faça gol. Negativo, portanto, é quando o jornalismo não cumpre sua obrigação e seu dever de reconfirmação da informação, comportando-se, nesses casos, como se fosse uma mídia social. Nesse cenário, as notícias falsas fazem seu caminho e invadem nosso cotidiano.

Basta um pequeno esforço de memória para todos nos lembrarmos das notícias falsas que foram veiculadas nos primeiros meses de 2020, por ocasião da pandemia de coronavírus. Não vamos desfiar aqui a lista, que é enorme. Fiquemos no exemplo da notícia e respectivas fotos que se referiam ao aparecimento de golfinhos nos canais de Veneza, na Itália, duas semanas após o início da quarentena. Na dita notícia, que várias publicações brasileiras também espalharam, afirmava-se que a ausência de movimento nos canais e na cidade tinha baixado de tal modo os índices de poluição que os golfinhos nadavam, agora, felizes, fruto da ausência das tradicionais gôndolas cheias de turistas. Notícia, fotos e respectivos comentários espalharam-se de forma viral, sem que alguém ousasse questionar a informação. Dias depois, a *National Geographic* desmontou tudo. Os golfinhos não haviam sido filmados nos canais de Veneza, e sim em um porto da Sardenha, a ilha italiana no Mar Mediterrâneo, a centenas de quilômetros de distância de Veneza, onde já era possível avistar os simpáticos bichos com alguma regularidade antes do surto de covid-19.

Não deixa de ser curioso, por outro lado, assistir a fenômenos de saturação de notícias falsas. Pode suceder, sim, sobretudo em momentos de grande ansiedade social, quando um número elevado de pessoas sente necessidade de obter uma informação passível de crer e na qual possa confiar para sua tranquilidade e esclarecimento. Você deve se recordar de um exemplo bem brasileiro. A edição eletrônica do jornal *Folha de S.Paulo* de 19 de março de 2020 titulava: "Audiência de telejornalismo explode durante crise do novo coronavírus", explicando que, diante do "grande número de *fake news* nas redes sociais, as pessoas buscam informação qualificada no jornalismo profissional" (Padiglione, 2020).

A busca pela informação feita por profissionais do jornalismo confere mais credibilidade ao que se diz e mostra. As mídias sociais são ótimas, passamos lá um par de horas, mas, no fim do dia, a credibilidade, se a queremos, precisa ser procurada em outros veículos. Claro que o problema não fica resolvido com essa facilidade. Os mais esclarecidos sabem que há uma diferença clara entre o jornalismo e sua responsabilidade ética e social para com as audiências e que as mídias sociais, que são de todos e cada um, não devem qualquer tipo de respeito nem estão regulamentadas. Portanto, o cenário midiático continua a ser ocupado por uma vasta diversidade de atores e conteúdos, e os problemas relacionados à verdade, à manipulação e à desinformação permanecem atuais.

Devemos, ainda, ter em conta, em todo esse panorama da comunicação e da informação, aquelas notícias que, podendo não ser originalmente elaboradas com o objetivo de enganar, isto é, na hipótese de seus autores confiarem na veracidade daquilo que veiculam porque acreditam nas informações de suas fontes, não passam de manobras de manipulação e desinformação da opinião pública. Porém, só temos conhecimento da falsidade dessas notícias mais tarde. Esses casos ocorrem, em geral, em momentos de conflito entre países. Sucedeu na Primeira e na Segunda Guerra Mundial, nas guerras do Vietnã, das Malvinas, do Golfo e dos Bálcãs, bem como no Afeganistão e na Síria. A história registra inúmeros exemplos que confirmam a velha máxima do dramaturgo grego Ésquilo: "Na guerra, a verdade é a primeira vítima".

No Brasil, a primeira notícia falsa data de 1945, durante a campanha eleitoral para presidente da República, segundo aponta a professora Thaïs de Mendonça Jorge, da Universidade de Brasília. O favorito nas pesquisas, o Brigadeiro Eduardo Gomes, confrontava-se com o General Eurico Gaspar Dutra. Certo dia do mês de novembro, durante um discurso no Teatro Municipal do Rio de Janeiro, o brigadeiro Gomes atacou o presidente em exercício, Getúlio Vargas, afirmando que não precisava dos votos "desta malta de desocupados que apoia o ditador" (Jorge, 2019, p. 228). Um dos responsáveis pela campanha adversária passou para as rádios uma versão bem diferente: "eu não preciso dos votos dos marmiteiros" (Jorge, 2019, p. 228). A notícia, com base nessa declaração forjada, "chocou o país e a classe operária" (Jorge, 2019, p. 228), o que conduziu à derrota eleitoral do Brigadeiro Gomes para o General Dutra. Como observaria Arendt (1995) anos mais tarde, a política é um lugar privilegiado para a mentira.

O uso do jornalismo como veículo privilegiado para a difusão de notícias falsas representa, como podemos notar, um problema da informação contemporânea, situação esta agravada nos últimos anos, sobretudo por parte dos dirigentes políticos que prescindem da mídia e optam por se comunicar diretamente com os cidadãos-eleitores.

No entanto, as *fake news* também vêm sendo associadas a outras práticas não jornalísticas, ainda que se mantenha presente o denominador comum da falsidade. Esta, todavia, pode ser construída segundo objetivos e padrões bem diversos das narrativas jornalísticas.

Wardle (2017) propõe, a esse respeito, sete tipos de informação errada e de desinformação: sátira ou paródia, conteúdo enganoso, conteúdo falacioso, conteúdo fabricado, ligação falsa, contexto falso e conteúdo manipulado. De acordo com a autora, é fundamental considerar três aspectos que dominam o atual ecossistema midiático: os diferentes tipos de conteúdos criados e difundidos; as motivações dos autores dos respectivos conteúdos; e as formas como esse conteúdo é disseminado.

A classificação proposta por Wardle (2017) inclui os programas satíricos de TV, os quais, embora partindo de fatos noticiados, têm como objetivo central satirizar comportamentos ou até decisões de ordem política. A contaminação entre informação e entretenimento, hoje muito associada à perda crescente de poder do jornalismo, já vem, assim, de longa data.

Wardle (2017) recupera uma ideia defendida em um artigo por Danah Boyd, investigadora que atua na Microsoft, segundo a qual vivemos hoje tempos de uma autêntica guerra de informação. Desse modo, as duas autoras argumentam que é crucial perceber e discutir as razões do fenômeno.

6.9 Mobilidade informativa

Hoje, carregamos a informação no bolso, na pasta, onde quisermos. Ela é móvel, vai conosco para toda parte. A mobilidade permitida por *tablets*, *smartphones* e celulares em geral, que tornam a comunicação e a informação completamente portáteis, mudou nossa relação com os outros, com o trabalho e com o acesso ao mundo. Se o computador ligado à internet já havia constituído um avanço e uma transformação profunda em nossa vida, a portabilidade potencializa todas as condições e possibilidades já existentes.

A massificação permitida pela *web* está, assim, sendo levada até as últimas consequências, ou seja, está sendo extraordinariamente aumentada por meio do uso generalizado da miniaturização dos dispositivos móveis. Ora, se a tecnologia permite que toda a comunicação seja processada de forma permanente e instantânea e de qualquer lugar, como na rua, no transporte público ou na praia, sem restrições, isso significa que a produção e a difusão de informação jornalística estão igualmente em mutação.

Como consequência desse novo ambiente comunicacional, vemos surgir e desenvolver-se aquilo que Pavlik (2014) chama de *jornalismo de ubiquidade*. A ideia ligada a essa noção tem a ver com o fato de que, potencialmente, cada pessoa, armada com seu pequeno dispositivo móvel, pode captar imagens e difundi-las, junto a textos, para uma audiência teoricamente global. As transformações de rotinas no trabalho e no lazer, que têm subjacente a ideia de ubiquidade e de conexão permanente, podem ser vistas como instrumentos de libertação ou, ainda, como meios que propiciam a manipulação e a desinformação.

Vivemos, portanto, um novo tempo, bem evidente no relatório publicado em 2012 pelo Tow Center, da Universidade de Columbia, que propunha a denominação *jornalismo pós-industrial, conforme explicitado pelo* professor C. W. Anderson, da Universidade de Nova York, em entrevista à revista do Instituto Humanitas Unisinos (Universidade do Vale do Rio dos Sinos). Ao ser questionado sobre o estudo publicado pelo Tow Center e sobre a referida denominação, assunto central da revista, Anderson (2014, p. 9) aponta como destino provável do jornalismo "um mundo onde a indústria de notícias seja mais fraca e sempre envolta em uma constante turbulência". Entre as características que o novo ecossistema assume, avulta a insatisfação (e até a desconfiança) do público com os jornalistas.

O Brasil, evidentemente, não poderia passar indiferente a essas transformações. Daí que muitas mídias tenham introduzido em suas práticas o uso das novas aplicações para celulares, permitindo que se acomodem aos novos ritmos e lógicas de comunicação, em que a velocidade e a instantaneidade são elementos estruturantes.

Tudo isso propicia, no fundo, o desenvolvimento do que se chama *internet personalizada*, por meio da qual são criadas bolhas que apenas visam nos dar, por meio dos algoritmos que monitoram nossas atividades, aquilo de que gostamos, ou seja, reforçar nossas convicções. Essa segmentação de audiência, que agora anda conosco no bolso, na pasta ou na mochila, reforça, além de nossa autonomia de comunicação, a exposição de cada um à intrusão de terceiros, como a publicidade, as marcas, as empresas, os líderes políticos, nossos amigos, enfim, o mundo todo, simbolicamente, que agora pode tanto nos manipular como nos desinformar e está ao alcance de um clique.

Tudo depende, em última instância, de nós, de nossa capacidade, do uso que fazemos da liberdade, de nossa educomunicação e da literacia para a mídia que cada pessoa está disposto a adquirir. Se tudo é tão fugaz e veloz nesta mutante sociedade líquida em que vivemos, então é preciso saber nadar para não ir ao fundo.

Síntese

Neste capítulo, vimos que a informação nos acompanha de forma permanente e, em razão das tecnologias atualmente disponíveis, já não precisamos sequer procurá-la, pois ela mesma vem ao nosso encontro. Paralelamente, cada cidadão pode produzir e distribuir informação e interagir com a mídia. O tempo em que a mídia detinha o monopólio da comunicação e da informação em larga escala e a distância já não existe. Passamos, assim, do paradigma da comunicação em massa para o novo modelo de comunicação em rede.

Como discutimos, o tempo da notícia e o modo como nos informamos vêm, igualmente, sendo objetos de mudança e, nesse contexto, as redes digitais ocupam um lugar central. A instantaneidade e a ideia de ubiquidade fazem agora parte da lógica dominante da comunicação e da informação, com impacto nem sempre positivo ou vantajoso no exercício do jornalismo e de sua construção noticiosa. A mídia, que ao longo dos últimos 150 anos foi um pilar importante para a construção e a consolidação da democracia, vê hoje sua ação e seu papel serem desacreditados por dirigentes políticos populistas, demagógicos e autoritários.

Também destacamos que, em um contexto no qual todos se comunicam com todos, é preciso saber em quem confiar e por que, sobretudo quando se observa a emergência de um problema antigo, as notícias falsas, mas que hoje apresenta contornos e consequências sem precedentes. Importa, assim, que os cidadãos sejam capazes de responder aos avanços e às potencialidades da tecnologia e dos processos de desinformação em curso utilizando suas principais armas: mais consciencialização e responsabilidade cívica no uso dessas ferramentas e maior preparação e capacidade crítica face da informação a que estão expostos, independentemente do meio ou da plataforma.

Atividades de autoavaliação

1. A mídia, que durante mais de um século deteve o monopólio da informação em larga escala e a distância, perdeu esse poder em consequência dos avanços tecnológicos que hoje permitem a todos os cidadãos produzir e distribuir, globalmente, qualquer tipo de conteúdo. Sobre esse aspecto, indique a afirmativa correta:
   a) Desde que a informação seja verdadeira, não importa quem a produza e a veicule.
   b) Muitos influenciadores digitais têm mais audiência que alguns órgãos de comunicação, motivo pelo qual sua informação é forçosamente crível.
   c) O cidadão conhece melhor sua realidade e, por isso, pode se informar melhor.
   d) Os jornalistas têm deveres éticos e deontológicos que os obrigam a veicular informações críveis e de forma responsável.
   e) A informação veiculada nas redes digitais é muito crível, porque chega a diferentes públicos e tem grandes audiências.

2. O escritor e filósofo Umberto Eco afirmou que as redes sociais, ao darem voz aos imbecis, equipararam a opinião do ignorante à do Prêmio Nobel. Indique qual das alternativas a seguir corresponde ao pensamento do autor:
   a) As redes sociais democratizaram o acesso à palavra e ao espaço público midiatizado.
   b) O protagonismo crescente das mídias sociais é tão evidente que o volume de negócios com a publicidade tem aumentado substancialmente e de forma sustentada nos últimos anos.
   c) Se cada um pode dizer e publicar o que deseja, todas as opiniões estão em pé de igualdade.
   d) As mídias sociais são a principal porta de acesso dos cidadãos à informação.
   e) As mídias sociais mudaram a vida e os hábitos dos cidadãos, assim como sua ânsia de protagonismo.

3. Donald Trump e Jair Bolsonaro são os líderes políticos que mais utilizam as redes sociais para propagar suas versões sobre a realidade. Com relação a isso, indique a alternativa correta:
   a) O objetivo deles é esclarecer melhor os cidadãos.
   b) As informações que eles veiculam são mais completas e rigorosas que as notícias da mídia.
   c) Uma percentagem apreciável de seus *tweets* corresponde a informações falsas ou distorcidas que atacam a mídia.
   d) Como qualquer cidadão, eles podem utilizar as redes sociais para comunicar.
   e) O recurso ao Twitter visa à aproximação com o cidadão eleitor.

4. No Brasil, a primeira notícia falsa data de 1945, durante a campanha eleitoral para a presidência da República. Com base nessa afirmação, indique a alternativa correta:
   a) O Brasil é pioneiro no fenômeno das notícias falsas.
   b) As notícias falsas só aparecem durante as campanhas políticas.
   c) As notícias falsas são um problema antigo; logo, não temos de nos preocupar com isso.
   d) O fenômeno das notícias falsas é um problema contemporâneo que a mídia e os cidadãos enfrentam.
   e) As notícias falsas são um problema de países subdesenvolvidos.

5. Hoje, carregamos a informação no bolso, na pasta ou onde quisermos. Ela é móvel e vai conosco para toda parte. Com base nessa afirmação, indique a alternativa correta:
   a) O modo como recebemos a informação mudou, mas a maneira como nos comunicamos com os outros se mantém.
   b) Se a tecnologia permite a comunicação instantânea, isso significa que a produção de informação está, ela própria, em um processo de mudança.
   c) A comunicação e a informação em rede dizem respeito às notícias veiculadas pela televisão.
   d) Devemos acreditar em todas as informações que lemos e vemos nas redes sociais.
   e) A informação que qualquer pessoa coloca nas redes sociais tem tanta credibilidade quanto a informação veiculada pela imprensa.

Atividades de aprendizagem

Questões para reflexão

1. A produção de notícias falsas é um fenômeno que já existe há alguns séculos. Porém, Southwell, Thorson e Sheble (2018) propõem uma fundamentação que alerta para um risco de contaminação sem precedentes desse vírus informativo. Reflita sobre os aspectos essenciais do pensamento desses autores.

2. A mudança de paradigma da comunicação de massas para a comunicação em rede, conceituada por Castells (2002), alterou profundamente o modo de produzir e acessar a informação, ao mesmo tempo que mudou a relação dos cidadãos com a mídia. Indique aspectos concretos que corroborem essa afirmação.

Atividade aplicada: prática

1. Quais são o papel e a função da informação jornalística nas sociedades contemporâneas, quando o acesso a todo tipo de dados e informações nunca foi tão fácil e ágil? Será que precisamos de uma informação livre e independente, quando os dirigentes políticos podem entrar em contato direto com seus eleitores e as empresas e seus clientes podem se comunicar entre si sem qualquer entidade mediadora? Converse com um colega da área de jornalismo e reflita se necessitamos nos defender da desinformação, da manipulação de informações e das notícias falsas e, em caso positivo, como fazer isso.

Considerações finais

Nesta obra, refletimos sobre o valor da informação e sua relação com o conhecimento. Identificamos o papel dos meios de comunicação nessa dinâmica e sua natureza revolucionária, cujas atividades expressam as contradições que caracterizam a vida moderna.

Afinal, foram os meios de comunicação de massa os responsáveis pelo surgimento do que se concebeu teoricamente como *opinião pública*, essa entidade abstrata a pairar sobre as nações, que define vontades, escolhas e ações de governos e de populações de modo geral. Porém, diferentemente do que se imagina, podemos perceber uma opinião diversa, marcada pelas contradições, pelas diferenças sociais que nos cercam e que se tornaram mais evidentes em tempos de redes sociais virtuais.

Vimos que, influenciada pela teoria da opinião pública, a teoria do agendamento se fundamenta em premissas que têm se mostrado duradouras. Quando verificamos a capacidade de uma teoria de responder a determinado aspecto da realidade ao longo dos anos, percebemos a consistência e a força de tal conjunto teórico. O *agenda-setting* encontrou, sobretudo no jornalismo, um ambiente rico para sua aplicação e a verificação de resultados que contribuem para compreender a nível de influência dos meios de comunicação sobre os indivíduos.

Imersos no ambiente de convergência midiática, destacamos o quanto as tecnologias da informação e comunicação (TICs) tornaram-se imprescindíveis em nossa vida. Elas acompanham os indivíduos em todos os aspectos do cotidiano. No trabalho, no lazer, no consumo, nos estudos ou nas relações interpessoais, carregamos no bolso um mundo de possibilidades por meio de aparelhos celulares que colocaram boa parte da população do mundo em conexão constante com a rede. Nessa nova realidade, marcada pelo acesso à informação e à produção de conteúdos por pessoas que não estão necessariamente imersas no mercado da comunicação, os profissionais da área, bem como as empresas, viram-se obrigados a se readequar a uma nova realidade, processo este que ainda está em curso.

Buscamos mostrar também que, nos sistemas de mídia imprensa, de rádio e de TV, a participação do público passou a ser um imperativo no processo de legitimidade dos meios e, portanto, para a sobrevivência financeira deles, uma vez que é por meio dessas relações com o público que se constroem as audiências, com o objetivo principal de valorização dos espaços publicitários ou a venda direta do serviço via assinaturas. Essas condições evidenciam que estamos em meio a uma crise paradigmática, em um momento de mudança dos processos de comunicação de massa para os processos de comunicação em rede.

Por fim, analisamos os perigos desses novos tempos marcados pelo acesso à comunicação e vimos que precisamos diferenciá-la do acesso à informação. Comunicar não é informar. Aliás, em muitos casos, comunicar também é desinformar. As possibilidades de publicação de conteúdos nas mais diferentes plataformas, fomentando um cenário de hiperconcorrência midiática, igualaram ou, em algumas situações, superaram a capilaridade dos meios de comunicação tradicionais ou o trabalho desenvolvido por profissionais da área, como é o caso de jornalistas, cujo trabalho foi ameaçado pela atuação de leigos e oportunistas de plantão.

Como observado, o fenômeno das *fake news* é uma forte evidência desses novos tempos. Nesse ambiente, cresce ainda mais a importância dos profissionais da área e da sociedade. Os problemas de informação que hoje ameaçam a verdade precisam ser enfrentados por meio do conhecimento. É aí que as pesquisas devem fazer ainda mais sentido. Contudo, essa relação implica, sobretudo, uma aproximação desses saberes com a capacidade de assimilação das mais diferentes classes culturais em todo o mundo.

Nesta obra, procuramos apresentar contribuições para os debates que envolvem a relação entre a comunicação, as atividades relacionadas a esse processo e o uso que a sociedade faz dessas ferramentas e dos produtos gerados por meio delas, cientes de que essas discussões são muito complexas e devem ser ampliadas.

Referências

AFONSO, N. 64,5% das vezes em que Bolsonaro fala em 'fake news' são ataques à imprensa. **Lupa**, 23 dez. 2019. Disponível em: <https://piaui.folha.uol.com.br/lupa/2019/12/23/bolsonaro-fake-news-imprensa/>. Acesso em: 30 nov. 2020.

ALBUQUERQUE, A. de. O espetáculo da crise: os media e o processo de impeachment contra Collor. In: PEREIRA, C. A. M.; FAUSTO NETO, A. (Org.). **Comunicação e cultura contemporâneas**. Rio de Janeiro: Notrya, 1993. p. 144-148.

ALLCOTT, H.; GENTZKOW, M. Social Media and Fake News in the 2016 Election. **Journal of Economic Perspectives**, v. 31, n. 2, p. 211-236, 2017.

ALMEIDA, J. Mídia, opinião pública ativa e esfera pública democrática. **CEP**, v. 40, 2006.

ANDERSON, C. W. Jornalismo pós-industrial: crises permanentes, turbulências constantes. **IHU On-Line**, São Leopoldo, n. 447, p. 8-10, 30 jun. 2014.

ANDRADE, C. T. de S. Mito e realidade da opinião pública. **RAE – Revista de Administração de Empresas**, São Paulo, v. 4, n. 11, p. 107-122, 1964.

ANGOTTI, A. Umberto Eco, internet dá diritto di parola a legioni imbecilli. **Ansa**, 12 giugno 2015. Disponível em: <https://www.ansa.it/sito/notizie/cultura/libri/2015/06/10/eco-web-da-parola-a-legioni-imbecilli_c48a9177-a427-47e5-8a03-9ef5a840af35.html>. Acesso em: 5 fev. 2021.

ANJOS, M. M. P. dos. **Agendamento e interagendamento temático no processo de produção jornalística no telejornalismo regional**. 209 f. Dissertação (Mestrado em Jornalismo) – Universidade Estadual de Ponta Grossa, Ponta Grossa, 2015.

AOS FATOS. Disponível em: <https://aosfatos.org/todas-as-declara%C3%A7%C3%B5es-de-bolsonaro/>. Acesso em: 5 fev. 2021.

ARENDT, H. **Verdade e política**. Lisboa: Relógio D'Água, 1995.

BAHIA, J. **Jornal, história e técnica**: história da imprensa brasileira. São Paulo: Ática, 1990. v. I.

BARBOSA, S. Brasil. In: SALAVERRÍA, R. **Ciberperiodismo en Iberoamérica**. Madrid: Ariel, 2016. p. 37-60.

BARROS FILHO, C. de. **Ética na comunicação**: da informação ao receptor. São Paulo: Moderna, 1995.

BENNETT, W. L.; SEGERBER, A. The Logic of Connective Action: Digital Media and the Personalization of Contentious Politics. **Information, Communication & Society**, v. 15, n. 5, p. 739-768, 2012.

BERGER, C. **Campos em confronto**: jornalismo e movimentos sociais – as relações entre o Movimento Sem Terra e a *Zero Hora*. 326 f. Tese (Doutorado em Comunicação) – Universidade de São Paulo, São Paulo, 1996.

BEZERRA, P. de S.; VERÁSTEGUI, R. de L. A. As esferas pública e privada: reflexões sobre o papel da educação. **Revista Debates**, Porto Alegre, v. 11, n. 2, p. 99, maio-ago. 2017.

BORTOLOTTI, P. Mentira não é jornalismo. In: FILGUEIRAS, I.; BORTOLOTTI, P.; FIRMO, E.; DUNKER, C.; MUNIZ; D. (Orgs.), **Jornalismo em tempos de pós-verdad**e. Fortaleza: Demócrito Dummar, 2018.

BOURDIEU, P. **A opinião pública não existe**. São Paulo, 1982. Disponível em: <https://edisciplinas.usp.br/pluginfile.php/1464421/mod_resource/content/1/A_Opini%C3%A3o_P%C3%BAblica_N%C3%A3o_Existe_%28Pierre_Bourdieu%29.pdf>. Acesso em: 5 fev. 2021.

BOZZA, G. **Redação ciberjornalística**: teoria e prática na comunicação digital. Curitiba: InterSaberes, 2018.

BRANDÃO, A. Franceses leem 21 livros por ano, cinco vezes mais que brasileiros. **RFI**, 13 mar. 2019. Disponível em: <http://www.rfi.fr/br/cultura/20190313-franceses-leem-21-livros-por-ano-cinco-vezes-mais-que-brasileiros>. Acesso em: 5 fev. 2021.

BRASIL. Constituição (1988). **Diário Oficial da União**, Brasília, DF, 5 out. 1988. Disponível em: <http://www.planalto.gov.br/ccivil_03/Constituicao/Constituicao.htm>. Acesso em: 5 fev. 2021.

BRASIL. Lei n. 5.250, de 9 de fevereiro de 1967. **Diário Oficial da União**, Poder Executivo, Brasília, DF, 10 fev. 1967. Disponível em: <http://www.planalto.gov.br/ccivil_03/leis/L5250.htm>. Acesso em: 5 fev. 2021.

BRASIL. Lei n. 8.977, de 6 de janeiro de 1995. **Diário Oficial da União,** Poder Legislativo, Brasília, DF, 9 jan. 1995. Disponível em: <http://www.planalto.gov.br/ccivil_03/leis/l8977.htm>. Acesso em: 5 fev. 2021.

BRASIL. Ministério da Ciência, Tecnologia, Inovações e Comunicações. **Radiodifusão comunitária**. Brasília, DF, 2008.

BRIGGS, A.; BURKE, P. **Uma história social da mídia**: de Gutenberg à internet. Rio de Janeiro: J. Zahar, 2004.

BURKE, P. **A arte da conversação**. São Paulo: Ed. da Unesp, 1995.

CALVO, S. T. (Ed.). **Ciberperiodismo**: libro de estilo para ciberperiodistas. Santo Domingo: Editorial ITLA, 2010.

CANELA, G. Mídia e políticas públicas de comunicação: uma análise empírica da imprensa brasileira. In: CONGRESSO BRASILEIRO DE CIÊNCIAS DA COMUNICAÇÃO, 30., 2007, Santos. Disponível em: <http://www.intercom.org.br/papers/nacionais/2007/resumos/R0856-1.pdf>. Acesso em: 5 fev. 2021.

CAPES – Coordenação de Aperfeiçoamento de Pessoal de Nível Superior. **Catálogo de teses e dissertações**. Disponível em: <https://catalogodeteses.capes.gov.br/>. Acesso em: 5 fev. 2021.

CARVALHO, G. **O espaço da mídia pública no Brasil**. Curitiba: Appris, 2017.

CARVALHO, J. S. **Reflexões sobre educação, formação e esfera pública**. Porto Alegre: Penso, 2013.

CARVALHO, L. C. Esfera pública e esfera privada: uma comparação entre Hannah Arendt e Jürgen Habermas. **Revista Habitus**: Revista Eletrônica dos Alunos de Graduação em Ciências Sociais, Rio de Janeiro, v. 6, n. 1, p. 38-52, 2008.

CASTELLS, M. **A sociedade em rede**. São Paulo: Paz e Terra, 2002.

CASTELLS, M. **Redes de indignação e esperança**: movimentos sociais na era da internet. Rio de Janeiro: J. Zahar, 2017.

CERVI, E. U. **Opinião pública e política no Brasil**: o que o brasileiro pensa sobre política e porque isso interessa à democracia. 359 f. Tese (Doutorado em Ciência Política) – Instituto Universitário de Pesquisas do Rio de Janeiro, Rio de Janeiro, 2006.

CGI.BR – Comitê Gestor da Internet no Brasil. **O CGI.br e o marco civil da internet**. [S.l.], 2014. Disponível em: <https://www.cgi.br/media/docs/publicacoes/4/CGI-e-o-Marco-Civil.pdf>. Acesso em: 5 fev. 2021.

CHARAUDEAU, P. **A conquista da opinião pública**: como o discurso manipula as escolhas políticas. São Paulo: Contexto, 2016.

CHESNAIS, F. **A mundialização do capital**. São Paulo: Xamã, 1996.

COHEN, B. The Press and the Foreign Policy in the United States. **Journal of International Affairs**, v. 10, n. 2, p. 128-137, 1956.

COSTA, C. **Introdução à ciência da sociedade**. 5. ed. São Paulo: Moderna, 2005.

DARNTON, R. A voz do povo. **Folha de S.Paulo**, São Paulo, 13 mar. 2005. Disponível em: <https://www1.folha.uol.com.br/fsp/mais/fs1303200517.htm>. Acesso em: 30 nov. 2020.

DE MOURA, S. N. C. A separação entre esfera pública e privada: um confronto entre John Locke, Jean-Jacques Rousseau e Carole Pateman. **Gênero & Direito**, v. 3, n. 1, p. 13-26, 2014.

DERRIDA, J. História da mentira: prolegômenos. **Estudos Avançados**, São Paulo, v. 10, n. 27, maio/ago. 1996. Disponível em: <http://www.scielo.br/scielo.php?script=sci_arttext&pid=S0103-40141996000200002>. Acesso em: 5 fev. 2021.

DIZARD, W. **A nova mídia**: a comunicação de massa na era da informação. 2. ed. Rio de Janeiro: J. Zahar, 2000.

EBC. **Rádio MEC 80 anos**. Disponível em: <https://www.ebc.com.br/especiais/radiomec80anos>. Acesso em: 30 nov. 2020.

ENCICLOPÉDIA Intercom de comunicação. São Paulo: Sociedade Brasileira de Estudos Interdisciplinares da Comunicação, 2010.

FANTINI, J. A.; JANDOSO, B. Algoritmos do Facebook: impactos na formação de opinião e grupos em processos políticos. **Leitura Flutuante**: Revista do Centro de Estudos em Semiótica e Psicanálise, São Paulo, v. 10, n. 1, p. 87-102, 2018.

FAUSTO NETO, A. A construção do presidente: estratégias discursivas e as eleições presidenciais de 1994. **Pauta Geral: Estudos em Jornalismo**, Ponta Grossa, v. 3, n. 3, jan./dez. 1995a.

FAUSTO NETO, A. **Comunicação e mídia impressa**: estudo sobre a Aids. São Paulo: Hacker, 1999.

FAUSTO NETO, A. **Mortes em derrapagem**: os casos Corona e Cazuza. Rio de Janeiro: Rio Fundo, 1991.

FAUSTO NETO, A. Mutações nos discursos jornalísticos: da 'construção da realidade' à 'realidade da construção'. In: CONGRESSO BRASILEIRO DE CIÊNCIAS DA COMUNICAÇÃO, 29., 2006, Brasília. Disponível em: <http://www.intercom.org.br/papers/nacionais/2006/resumos/R1804-1.pdf>. Acesso em: 5 fev. 2021.

FAUSTO NETO, A. O agendamento do esporte: uma breve revisão teórica e conceitual. **Verso & Reverso**, São Leopoldo, ano 16, n. 34, p. 9-17, jan./jun. 2002a.

FAUSTO NETO, A. **O impeachment da televisão**: como se cassa um presidente. Rio de Janeiro: Diadorim, 1995b.

FAUSTO NETO, A. Quando a ética toma forma: estratégias discursivas do "jornalismo de combate". In: PAIVA, R. **Ética, cidadania e imprensa**. Rio de Janeiro: Mauad, 2002b. p. 165-186.

FAUSTO NETO, A.; VERÓN, E. (Org.). **Lula presidente**: televisão e política na campanha eleitoral. São Leopoldo: Unisinos, 2003.

FERRARI, P. **Jornalismo digital**. 2. ed. São Paulo: Contexto, 2004.

FERREIRA, B. M. S. **"Tchau, querida!"**: o enquadramento noticioso na cobertura do impeachment da primeira mulher na presidência do Brasil. 170 f. Dissertação (Mestrado em Comunicação) – Pontifícia Universidade Católica do Rio de Janeiro, Rio de Janeiro, 2017.

FERREIRA, F. V. **O papel do factual nos processos de agendamento e de enquadramento no telejornalismo**. 438 f. Tese (Doutorado em Comunicação) – Universidade de Brasília, Brasília, 2018.

FERREIRA, F. V. Raízes históricas do conceito de opinião pública em comunicação. **Em Debate**: Periódico de Opinião Pública e Conjuntura Política, Belo Horizonte, ano 7, n. 1, p. 50-68, 2015.

FIGUEIRA, J. Jornalismo em tempos de populismo político-midiático. **Revista Brasileira de Ensino de Jornalismo**, Brasília, v. 9, n. 25, p. 3-15, 2019.

FIGUEIREDO, R.; CERVELLINI, S. P. Contribuições para o conceito de opinião pública. **Opinião Pública**, Campinas, v. 3, n. 3, p. 171-185, dez. 1995.

FILGUEIRAS, I. et al. **Jornalismo em tempos de pós-verdade**. Fortaleza: Demócrito Dummar, 2018.

FISCHER, D. **O direito de comunicar**: expressão, informação e liberdade. São Paulo: Brasiliense, 1982.

GADINI, S. L. **Interesses cruzados**: a produção da cultura no jornalismo brasileiro. São Paulo: Paulus, 2009.

GIDDENS, A. **O mundo na era da globalização**. Lisboa: Presença, 2010.

GILLESPIE, T. A relevância dos algoritmos. **Parágrafo**, São Paulo, v. 6, n. 1, p. 95-121, jan./abr. 2018.

GOFFMAN, E. **A representação do eu na vida cotidiana**. 16. ed. Petrópolis: Vozes, 2009.

GOMES, W. Propaganda política, ética e democracia. In: MATOS, H. (Org.). **Mídia, eleições e democracia**. São Paulo: Scritta, 1994. p. 53-90.

GUO, L.; VU, H. T.; MCCOMBS, M. An Expanded Perspective on Agenda-Setting Effects: Exploring the Third Level of Agenda-Setting. **Revista de Comunicación**, Piura, n. 11, p. 51-68, 2012.

HABERMAS, J. **Direito e democracia**: entre facticidade e validade. Rio de Janeiro: Tempo Brasileiro, 2003a.

HABERMAS, J. **Mudança estrutural da esfera pública**: investigações quanto a uma categoria da sociedade burguesa. Rio de Janeiro: Tempo Brasileiro, 1984.

HABERMAS, J. **Mudança estrutural da esfera pública**: investigações quanto a uma categoria da sociedade burguesa. 2. ed. Rio de Janeiro: Tempo Brasileiro, 2003b.

HEGEL, G. **Fenomenologia do espírito**. 2. ed. Petrópolis: Vozes, 1992. Parte 1.

HJARVARD, S. Midiatização: conceituando a mudança social e cultural. **MATRIZes**, São Paulo, v. 8, n. 1, p. 21-44, jan./jun. 2014.

JAVORSKI, E. **Radiojornalismo**: do analógico ao digital. Curitiba: InterSaberes, 2017.

JENKINS, H. **Cultura da convergência**. São Paulo: Aleph, 2008.

JENKINS, H.; FORD, S.; GREEN, J. **Spreadable Media**: Creating Value and Meaning in a Networked Culture. New York: New York University Press, 2013.

JORGE, T. de M. Notícia versus fake news: a explosão discursiva das informações falsas e o mundo dos jornalistas. In: FIGUEIRA, J.; SANTOS, S. (Org.). **As fake news e a nova ordem (des)informativa na era da pós-verdade**. Coimbra: Imprensa da Universidade de Coimbra, 2019. p. 223-246.

LANE, R. E.; SEARS, D. O. **Public Opinion**. New Jersey: Prentice-Hall, 1964.

LATINOBARÓMETRO. **Libros de códigos por país/año**. Disponível em: <http://www.latinobarometro.org/latCodebooks.jsp>. Acesso em: 5 fev. 2021.

LAZARSFELD, P. F. A opinião pública e a tradição clássica. In: STEINBERG, C. S. (Org.). **Meios de comunicação de massa**. São Paulo: Cultrix, 1972. p. 107-126.

LE COADIC, Y.-F. **A ciência da informação**. Brasília: Briquet de Lemos, 1996.

LÉVY, P. **Cibercultura**. Lisboa: Instituto Piaget, 2000.

LIPPMANN, W. **Opinião pública**. Petrópolis: Vozes, 2008.

LOPES, C. A. **Regulação das outorgas de radiodifusão no Brasil**: uma breve análise. Brasília: Biblioteca Digital da Câmara dos Deputados, 2009.

MACHADO, A. **A televisão levada a sério**. 4. ed. São Paulo: Senac, 2005.

MACHADO DE ASSIS, J. M. **O jornal e o livro**. São Paulo: Companhia das Letras, 2011.

MAIA, K. B. F.; AGNEZ, L. F. O agenda-setting no Brasil: contradições entre o sucesso e os limites epistemológicos. **E-Compós**, Brasília, v. 13, n. 3, p. 1-16, set./dez. 2010.

MARQUES, G. S. E. **O agendamento intermidiático do tráfico de pessoas na novela *Salve Jorge***. 73 f. Dissertação (Mestrado em Comunicação) – Universidade Paulista, São Paulo, 2018.

MARTINO, L. M. S. **Teoria das mídias digitais**: linguagens, ambientes e redes. 2. ed. Petrópolis: Vozes, 2015.

MATTELART, A. **Comunicação-mundo**: história das ideias e das estratégias. Petrópolis: Vozes, 1994.

MATTELART, A.; MATTELART, M. **História das teorias da comunicação**. 3. ed. São Paulo: Loyola, 1999.

MCCOMBS, M. **A teoria do agendamento**: a mídia e a opinião pública. Petrópolis: Vozes, 2009.

MCCOMBS, M. Discussão sobre o poder das redes de informação corresponde ao terceiro nível da teoria do agendamento. **Pauta Geral: Estudos em Jornalismo**, Ponta Grossa, v. 4, n. 2, p. 179-190, jul./dez. 2017. Entrevista.

MCCOMBS, M.; SHAW, D. The Agenda-Setting Function of Mass Media. **Public Opinion Quartely**, n. 36, p. 176-187, 1972.

MCLUHAN, M. **Os meios de comunicação como extensões do homem**. São Paulo: Cultrix, 1964.

MEDITSCH, E. **O jornalismo é uma forma de conhecimento?** Covilhã: Labcom, 1997.

MESSAGI JÚNIOR, M. **Teorias da comunicação**: aplicações contemporâneas. Curitiba: InterSaberes, 2018.

MORIN, E. **Cultura de massas no século XX**: neurose. 9. ed. Rio de Janeiro: Forense Universitária, 1997.

NOELLE-NEUMAN, E. The Spiral of Silence: a Theory of Public Opinion. **Journal of Communication**, v. 24, n. 2, p. 43-51, June 1974.

OLICSHEVIS, G. Mídia e opinião pública. **Revista Vernáculo**, Curitiba, v. 1, n. 17-18, p. 91-99, 2006.

ONU – Organização das Nações Unidas. **Declaração Universal dos Direitos Humanos**. 10 dez. 1948. Disponível em: <http://www.direitoshumanos.usp.br/index.php/Declaração-Universal-dos-Direitos-Humanos/declaracao-universal-dos-direitos-humanos.html>. Acesso em: 5 fev. 2021.

ORTIZ, R. **A moderna tradição brasileira**. São Paulo: Brasiliense, 1994.

PADIGLIONE, C. Audiência de telejornalismo explode durante crise do novo coronavírus. **Folha de S.Paulo**, 19 mar. 2020. Disponível em: <https://www1.folha.uol.com.br/ilustrada/2020/03/audiencia-de-telejornalismo-explode-durante-crise-do-novo-coronavirus.shtml#:~:text=O%20n%C3%BAmero%20de%20televisores%20ligados,telejornais%20viraram%20campe%C3%B5es%20de%20audi%C3%AAncia.>. Acesso em: 5 fev. 2021.

PARISER, E. **O filtro invisível**: o que a internet está escondendo de você. Rio de Janeiro: Zahar, 2012.

PAVLIK, J. Ubiquidade: o 7º princípio do jornalismo na era digital. In: CANAVILHAS, J. (Org.). **Webjornalismo**: 7 características que marcam a diferença. Covilhã: UBI, LabCom, 2014. p. 159-184. Disponível em: <https://labcom-ifp.ubi.pt/ficheiros/20141204-201404_webjornalismo_jcanavilhas.pdf>. Acesso em: 5 fev. 2021.

PERUZZO, C. M. K. TV Comunitária no Brasil: histórico e participação popular na gestão e na programação. In: CONGRESSO BRASILEIRO DA COMUNICAÇÃO, 27., 2004, Porto Alegre.

PESSOA, C. M. A. B. de P. **"Pródigo em decisões contra o interesse público"**: imagem pública, agendamento e enquadramento do Congresso Nacional nos editoriais dos jornais *O Estado de S. Paulo* e *Folha de S.Paulo*. 248 f. Dissertação (Mestrado em Comunicação) – Universidade Federal do Ceará, Fortaleza, 2016.

PIMENTA, L. M. A formação da opinião pública e as inter-relações com a mídia e o sistema político. In: CONGRESSO DA ASSOCIAÇÃO BRASILEIRA DE PESQUISADORES EM COMUNICAÇÃO E POLÍTICA, 2007, Belo Horizonte. Disponível em: <http://www.compolitica.org/home/wp-content/uploads/2011/01/sc_jp-lidiane.pdf>. Acesso em: 5 fev. 2021.

POLISTCHUCK, I.; TRINTA, A. R. **Teorias da comunicação**: o pensamento e a prática da comunicação social. Rio de Janeiro: Elsevier, 2003.

PRATES, A. C. **Relações entre mídia e política**: enquadramentos dos jornais *O Globo* e *Folha de S.Paulo* acerca do impeachment de Dilma Rousseff. Dissertação (Mestrado em Comunicação) – Universidade Federal de Santa Maria, Santa Maria, 2017.

PWC BRASIL. **20ª Pesquisa global de entretenimento e mídia Brasil, 2019-2023**. Disponível em: <https://www.pwc.com.br/pt/estudos/assets/2019/pesquisa-global-de-entretenimento-e-midia-brasil%20 2019_2023-vf.pdf>. Acesso em: 5 fev. 2021.

RECUERO, R. **Redes sociais na internet**. Porto Alegre: Meridional, 2009.

RECUERO, R. **Redes sociais na internet**. Porto Alegre: Sulina, 2010.

RIBEIRO, A. et al. **Jornalismo de dados**: conceitos, rotas e estrutura produtiva. Curitiba: InterSaberes, 2018.

RIBEIRO, R. J. **O afeto autoritário**: televisão, ética e democracia. Cotia: Ateliê, 2004.

RUBIM, A. A. C. **Comunicação e política**. São Paulo: Hacker, 2000.

SELANDER, L.; JARVENPAA, S. Digital Action Repertoires and Transforming a Social Movement Organization. **MIS Quarterly**, v. 40, n. 2, p. 331-352, 2016.

SENNET, R. **O declínio do homem público**: as tiranias da intimidade. Rio de Janeiro: Record, 2014.

SERRA, J. P. **Manual de teoria da comunicação**. Corvilhã: Labcom, 2007.

SIMIS, A. A legislação sobre as concessões na radiodifusão. **UNIrevista**, São Paulo, v. 1, n. 3, jul. 2006. Disponível em: <http://www.intercom.org.br/papers/nacionais/2006/resumos/R0833-1.pdf>. Acesso em: 5 fev. 2021.

SIMMEL, G. **Questões fundamentais da sociologia**: indivíduo e sociedade. Rio de Janeiro: J. Zahar, 2006.

SMITH, D. L. **Why We Lie**: the Evolutionary Roots of Deception and the Unconscious Mind. New York: St. Martin's Press, 2004.

SOARES, F. B.; RECUERO, R. Opinião pública no Twitter: análise da indicação de Alexandre de Moraes ao STF. **Logeion: Filosofia da Informação**, v. 3, n. 2, p. 18-37, mar./ago. 2017.

SOUSA, J. P. **Uma história breve do jornalismo no Ocidente**. Porto: Universidade Fernando Pessoa, 2008.

SOUTHWELL, B. G; THORSON, E. A.; SHEBLE, L. (Ed.). **Misinformation and Mass Audiences**. Austin, TX: University of Texas Press, 2018.

SULLIVAN, M. It's Time to Retire the Tainted Term 'Fake News'. **Washington Post**, 8 Jan. 2017.

TARDE, G. La conversación. In: TARDE, G. **La opinión e la multitud**. Madrid: Taurus, 1986. p. 92-138.

THOMPSON, J. **A mídia e a modernidade**: uma teoria social da mídia. Petrópolis: Vozes, 1998.

THORNTON, B. The Moon Hoax: Debates about Ethics in 1835 New York Newspapers. **Journal of Mass Media Ethics**, v. 15, n. 2, p. 89-100, 2000.

TRAQUINA, N. **O poder do jornalismo**: análise e textos da teoria do agendamento. Coimbra: Minerva, 2000.

TURGEON, M. O uso das pesquisas de opinião pública na democracia moderna. **Em Debate**: Periódico de Opinião Pública e Conjuntura Política, Belo Horizonte, ano 1, n. 3, p. 6-12, 2009.

VANNUCHI, C. O direito à comunicação e os desafios da regulação dos meios no Brasil. **Galáxia**, São Paulo, n. 38, p. 167-180, 2018.

WARDLE, C. "Fake News. It's Complicated". **First Draft**, 16 Feb. 2017. Disponível em: <https://firstdraftnews.org/latest/fake-news-complicated/>. Acesso em: 5 fev. 2021.

WARDLE, C.; DERAKHSHAN, H. **Information Disorder**: Toward an Interdisciplinary Framework for Research and Policymaking. Strasbourg Cedex: Council of Europe Report, 2017.

WOLF, M. **Teoria da comunicação**. 4. ed. Lisboa: Presença, 1995.

WOLTON, D. **Elogio do grande público**: uma teoria crítica da televisão. São Paulo: Ática, 1996.

Bibliografia comentada

Para saber mais sobre as teorias da comunicação e do jornalismo, sugerimos a leitura de:

FRANÇA, V. V.; HOHLFELDT, A.; MARTINO, L. C. (Org.). **Teorias da comunicação**: conceitos, escolas e tendências. Petrópolis: Vozes, 2001.

MATTELART, A.; MATTELART, M. **História das teorias da comunicação**. 3. ed. São Paulo: Loyola, 1999.

MESSAGI JÚNIOR, M. **Teorias da comunicação**: aplicações contemporâneas. Curitiba: InterSaberes, 2018.

WOLF, M. **Teorias das comunicações de massa**. São Paulo: M. Fontes, 2010.

Para saber mais sobre o ciberjornalismo, sugerimos a leitura de:

BOZZA, G. **Redação ciberjornalística**: teoria e prática na comunicação digital. Curitiba: InterSaberes, 2018.

Para saber mais sobre a relação entre mídia e eleições, sugerimos a leitura de:

GOMES, W. Propaganda política, ética e democracia. In: MATOS, H. (Org.). **Mídia, eleições e democracia**. São Paulo: Scritta, 1994. p. 53-90.

PRATES, A. C. **Relações entre mídia e política**: enquadramentos dos jornais *O Globo* e *Folha de S.Paulo* acerca do impeachment de Dilma Rousseff. Dissertação (Mestrado em Comunicação) – Universidade Federal de Santa Maria, Santa Maria, 2017.

No mapa a seguir, você encontra um registro das 3,9 mil rádios que existem no Brasil:

RÁDIO COMUNITÁRIAS. Disponível em: <https://maps.google.com.br/maps/ms?hl=pt-BR&gl=br&ptab=2&ie=UTF8&oe=UTF8&msa=0&msid=207823450953742677868.0004cd622acf7f253125a>. Acesso em: 5 fev. 2021.

Respostas

Capítulo 1

Atividades de autoavaliação

1. c
2. b
3. e
4. d
5. c

Atividades de aprendizagem

Questões para reflexão

1. Os meios de comunicação expressam valores baseados no interesse privado, não apenas por terem uma natureza privada como negócio, mas também pela dinâmica de relações que estabelecem na sociedade. O veículo pode se travestir de interesse público justamente para garantir seu papel mediador no espaço público, mas o financiamento das emissoras é determinante para a seleção dos programas, assuntos, enquadramentos, pessoas e narrativas que farão parte dos processos de produção midiáticos.
2. A racionalidade moderna pressupõe que a liberdade individual deve ser guiada pelo direito à informação. É o que permite ao indivíduo guiar suas ações por meio da maior quantidade de relatos possíveis sobre a experiência humana. A construção do mundo real pelo indivíduo por meio de um processo mediado por tecnologias da comunicação está sustentada no uso técnico e racional dos meios com interesses particulares.

Atividade aplicada: prática

1. Resposta pessoal.

Capítulo 2

Atividades de autoavaliação

1. d
2. c
3. e
4. d
5. b

Atividades de aprendizagem

Questões para reflexão

1. A opinião pública em Habermas é formada dentro da esfera pública e constitui-se em uma opinião crítica, formulada por cidadãos privados, membros da burguesia que interagem entre si em um processo racional de argumentação. Os cidadãos, nessa esfera, conversam sobre determinado tema, constroem um contexto comunicacional, chegam a um consenso e dão forma à opinião pública. A opinião pública é reflexo, então, da opinião de determinada classe social: a burguesia.
2. O conceito de direção está alicerçado no posicionamento da opinião pública a respeito de determinado tema que emergiu na sociedade e indica se a opinião pública está a favor ou contra algo, se existe adesão ou rejeição a uma ideia. A intensidade indica o grau de adesão da opinião e explica por que algumas pessoas sentem-se mais aptas a formular e a expressar uma opinião em relação a alguns temas em detrimento de outros. A coerência ou consistência da opinião pública é um fator que pode ser mais bem percebido quando um assunto de grande impacto social e mais complexo ganha repercussão. Quando é difícil para um número considerável de indivíduos entender as questões discutidas, a probabilidade de essa opinião não ter muita coerência é grande; portanto, a consistência ou coerência está associada ao grau de entendimento do público em relação àquilo que está sendo discutido. Por último, a latência da opinião pública tem a ver com o adormecimento de determinada opinião, que tem potencial para se tornar intensa, mas que ainda não foi ativada. Essa ativação depende de um estímulo, de um gatilho para trazer a discussão à tona e, assim, despertar o assunto no meio social.

Atividade aplicada: prática

1. Resposta pessoal.

Capítulo 3

Atividades de autoavaliação

1. b
2. b
3. c
4. b
5. b

Atividades de aprendizagem

Questões para reflexão

1. O primeiro nível de agendamento trata de questões, temas ou tópicos que perfazem a ordem do dia e sugere a hierarquização de temas e o grau de importância com o qual cada questão deve ser abordada. Já o segundo nível diz respeito à agenda de atributos e ao modo como esses temas serão tratados, levando-se em consideração outras sutilezas e variações.
2. De acordo com Lippmann, como não é possível acessar a realidade em sua totalidade, o ser humano busca orientação nas informações midiáticas para criar mapas mentais sobre os assuntos que escapam de sua vivência. É com base nesse pseudoambiente que as pessoas reagem, em conexão cada vez mais forte com as tecnologias de comunicação e com o jornalismo.

Atividade aplicada: prática

1. Resposta pessoal.

Capítulo 4

Atividades de autoavaliação

1. e
2. b
3. c
4. d
5. d

Atividades de aprendizagem

Questões para reflexão

1. Os padrões de consumo midiático mudam ao longo do tempo. Entre os mais jovens, por exemplo, há um consumo maior de *streaming* em razão da produção de conteúdos segmentados e voltados a sub-redes. O consumo de redes sociais digitais e aplicativos ganha força com o uso de *smartphones*, e as inovações tecnológicas criadas pela indústria de ponta passam a ser de amplo acesso por meio de dispositivos móveis com recursos avançados. Destacamos, ainda, os avanços naquilo que constituem as novas formas de interação e sensorialidade com o ambiente e dão sentido humano ao tecnológico.
2. Os profissionais de mídia, hoje, são multiplataformas e precisam empregar uma série de recursos e formas de narrativas para captar a atenção do leitor-telespectador-ouvinte. Essa relação de cumplicidade está relacionada à capacidade de interatividade do público, à oportunidade de escolhas no ambiente de mídia, à segmentação e à personalização de contextos. Mudamos da lógica do guardião de informações para a de produtores independentes de mídia, que opinam sobre a política dos meios digitais.

Atividade aplicada: prática

1. Resposta pessoal.

Capítulo 5

Atividades de autoavaliação

1. b
2. b
3. e
4. c
5. e

Atividades de aprendizagem

Questões para reflexão

1. O espectro é público. Se a estrutura física (como antenas, estúdios e sedes) de uma rádio ou de uma emissora de TV é privada, o sinal que a empresa usa é dos brasileiros. Assim, cabe à União conceder ou não a outorga, que é o direito de uso por um período determinado e passível de renovação. Até a década de 1970, era de exclusividade da presidência o direito de conceder ou não as outorgas. A partir de então, o Congresso, na figura da Câmara dos Deputados e do Senado, também assumiu parte no processo burocrático para a liberação das permissões do meio de radiodifusão.
2. Antes da existência de um dispositivo legal, a regra estabelecida era a da negativa da informação. Assim, quem solicitava os dados deveria reunir uma série de argumentos para convencer quem detinha as informações. Com a LAI, esse paradigma mudou e conceder informação virou a regra. Assim, quem solicita os dados do governo sequer precisa explicar suas motivações, ou seja, é reconhecido seu direito de ter aqueles dados, independentemente das intenções de uso.

Atividade aplicada: prática

1. Resposta pessoal.

Capítulo 6

Atividades de autoavaliação

1. d
2. c
3. c
4. d
5. b

Atividades de aprendizagem

Questões para reflexão

1. Esse fato se deve às possibilidades tecnológicas existentes, isto é, à capacidade de atualmente todos podermos produzir e distribuir informação com a possibilidade de atingir grandes audiências. Logo, o potencial de divulgação e alastramento de notícias falsas é maior do que nunca e, sobretudo, preocupante, por conduzir a processos de desinformação e, em última instância, de manipulação de informação, dos quais quase todos, consciente ou inconscientemente, participamos. A informação é disseminada como um vírus, motivo pelo qual os conteúdos massivamente partilhados são denominados *virais* ou *viralizados*.

2. O novo modelo de comunicação, segundo o qual todos se comunicam com todos, a que Castells denominou *autocomunicação de massas*, fez com que cada cidadão passasse, simultaneamente, a ser produtor e consumidor de informação. Daí a adoção do termo *prosumer*, introduzido por Tofler, que reúne na mesma palavra aquelas duas noções. Essa mudança de paradigma só é possível em virtude das novidades e das potencialidades introduzidas pela tecnologia. Nesse sentido, não foram apenas as relações dos cidadãos entre si e entre eles e as organizações que se alteraram; também o modo como a informação jornalística passou a ser feita sofreu alteração. No fundo, tudo se transformou: a mídia convencional perdeu a centralidade que detinha no ecossistema midiático, e as redes sociais deram aos cidadãos um poder novo de comunicar e de intervir, ao mesmo tempo que criaram uma possibilidade nova para o desenvolvimento de processos de desinformação e manipulação.

Atividade aplicada: prática

1. Resposta pessoal.

Sobre os autores

Guilherme Carvalho
Pós-doutor em Jornalismo pela Universidade Estadual de Ponta Grossa (UEPG). Doutor pela Universidade Estadual Paulista (Unesp) e mestre em Sociologia pela Universidade Federal do Paraná (UFPR). Pós-graduado em Comunicação, Cultura e Arte pela Pontifícia Universidade Católica do Paraná (PUC-PR) e graduado em Comunicação Social com habilitação em Jornalismo pela UEPG. Tem experiência na área de comunicação, com ênfase em jornalismo sindical e na área de assessoria de imprensa. Foi presidente do Sindicato dos Jornalistas do Paraná (2012-2015). Atualmente, é professor e coordenador do curso de Jornalismo do Centro Universitário Internacional (Uninter) e professor do mestrado em Jornalismo da UEPG.

Ricardo Tesseroli
Doutorando e mestre em Comunicação Política pela Universidade Federal do Paraná (UFPR). Membro do Grupo de Pesquisa Comunicação Eleitoral. Especialista em Comunicação, Política e Atores Sociais pela Universidade Estadual de Ponta Grossa (UEPG). Especialista em Comunicação Política e Imagem pela UFPR. Jornalista formado pela Universidade Estadual do Centro-Oeste (Unicentro). Organizador dos livros *O Brasil vai às urnas: as campanhas para presidente na TV e internet* (2019) e *As eleições estaduais no Brasil: estratégias de campanha para TV* (2019).

Rafael Schoenherr
Jornalista. Mestre em Ciências da Comunicação pela Universidade do Vale do Rio dos Sinos (Unisinos). Doutor em Geografia pela Universidade Estadual de Ponta Grossa (UEPG). Professor da graduação e do mestrado em Jornalismo da UEPG.

Marcela Ferreira
Jornalista e mestranda em Jornalismo pela Universidade Estadual de Ponta Grossa (UEPG) na linha de pesquisa em processos jornalísticos e práticas sociais.

Gabriel Bozza
Professor de Publicidade e Propaganda da Pontifícia Universidade Católica do Paraná (PUC-PR) e professor de Jornalismo no Centro Universitário Autônomo do Brasil (UniBrasil). Produz EaD em graduação e pós-graduação no Centro Universitário Internacional (Uninter). Ex-professor de Jornalismo, Publicidade e Propaganda e Relações Públicas na Universidade Federal do Paraná (UFPR). Coordenador Geral da TV Campus UniBrasil. Doutorando em Ciência Política pela UFPR. Pesquisador do Instituto Nacional de Ciência e Tecnologia em Democracia Digital (INCT.DD), grupo de pesquisa Atores, Instituições, Comportamento Político e Tecnologias Digitais (Geist), do Programa de Pós-Graduação em Ciência Política da UFPR (PPGCP-UFPR), bem como do grupo de pesquisa Comunicação e Participação Política (Compa), do Programa de Pós-Graduação em Comunicação da UFPR (PPGCOM-UFPR). Autor do livro *Redação ciberjornalística: teoria e prática na comunicação digital* (InterSaberes). Membro da Associação Brasileira de Pesquisadores em Comunicação e Política (Compolítica). Realiza pesquisas sobre jornalismo, democracia digital, comunicação digital, novas mídias e internet e tecnologia. Ex-jornalista da *Gazeta do Povo* e da Rádio Universitária (hoje UniFM) e ex-diretor executivo de agência digital.

Alexsandro Teixeira Ribeiro
Doutorando em Sociologia pela Universidade Federal do Paraná (UFPR). Mestre em Jornalismo pela Universidade Estadual de Ponta Grossa (UEPG) na linha de pesquisa em processos jornalísticos. Bacharel em Comunicação Social (Jornalismo) pelo Centro Universitário Internacional (Uninter) e especialista em docência em EaD pelo Uninter. Professor nos cursos de bacharelado em Jornalismo e bacharelado em Publicidade e Propaganda, além de jornalista e integrante da agência Livre.jor, primeira atividade de acompanhamento sistemático de dados públicos relacionados ao Paraná.

João Figueira

Professor auxiliar da Faculdade de Letras da Universidade de Coimbra (Portugal), onde fez o doutorado na área de ciências da comunicação. Tem mestrado e licenciatura pela mesma faculdade. Leciona disciplinas nas áreas de jornalismo e comunicação e é autor de três livros: *Os jornais como actores políticos*, *Jornalismo em liberdade* e *O essencial sobre a imprensa portuguesa (1974-2010)*. Pesquisa temas relacionados às transformações do jornalismo e de suas práticas profissionais. Também faz investigações no domínio da comunicação e sobre o nível da identidade organizacional e de suas estratégias comunicativas. Nesse âmbito, analisa o cruzamento entre os campos da comunicação e da informação jornalística, em especial a comunicação pensada e criada para produzir efeitos por intermédio dos *media*. Antes de se dedicar por inteiro à docência e à investigação acadêmica, foi jornalista durante mais de vinte anos, a maioria deles a serviço do *Diário de Notícias*. Em 1999, conquistou o Prêmio de Reportagem atribuído pelo Clube Português de Imprensa. É ainda cofundador da empresa Ideias Concertadas, que atua na área de comunicação e produção de conteúdos.

Os papéis utilizados neste livro, certificados por instituições ambientais competentes, são recicláveis, provenientes de fontes renováveis e, portanto, um meio **respons**ável e natural de informação e conhecimento.

FSC
www.fsc.org
MISTO
Papel produzido
a partir de
fontes responsáveis
FSC® C103535

Impressão: Reproset
Fevereiro/2023